ママとつくろう！男の子の遊べるおりがみ

かっこいい＆かんたん

いしかわ☆まりこ 著

メイツ出版

※本書は2013年発行の『簡単！かっこいい！男の子の遊べるおりがみ』を元に加筆・修正を行っています。

はじめに

折り紙のすごいところは、なんといっても一枚の紙がいろいろな形に変身することです！　この本では、折り紙が男の子の大好きなアイテム（モチーフ）に変身する方法をたくさん紹介しています。

のりもの、昆虫、どうぶつ、魚、たべものなどのオリジナル作品を中心に、作り方やポイント、アレンジの仕方が全部写真付きでわかりやすく解説されているからどの作品もやさしく簡単に作れます。

お友だちや家族といっしょに作って、遊んだり飾ったり…プレゼントにしてもいいですね。本で紹介している折り紙を台紙に貼って飾る方法もステキですよ！

折り紙はリーズナブルで色や模様が豊富なのも魅力的です。作品にあわせて選んでみると、同じように折っても個性が出ます。

気軽に遊びながら集中力や想像力も育ててくれる折り紙は男の子にピッタリ。折り紙をいろいろな形に変身させてお気に入りをたくさん作ってくださいね！

いしかわ☆まりこ

Contents

はじめに ・・・・・・・・・・・・・・・・・ 2
折る前におぼえておきましょう ・・・・・・ 6
この本の使い方 ・・・・・・・・・・・・・・ 10

Chapter 1 やっぱりかっこいい！のりものワールド

くるま ・・・・・・・・・・・・・・・・・ 12
バス ・・・・・・・・・・・・・・・・・・ 14
UFO ・・・・・・・・・・・・・・・・・・ 15
ロケット ・・・・・・・・・・・・・・・・ 16
電車 ・・・・・・・・・・・・・・・・・・ 18
新幹線 ・・・・・・・・・・・・・・・・・ 20
ヨット ・・・・・・・・・・・・・・・・・ 21
ふね ・・・・・・・・・・・・・・・・・・ 22

Column 1
いろいろな折り紙で折ろう！ ・・・・・・・ 24

Chapter 2 作ってじまん！昆虫ワールド

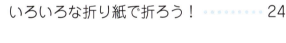

バッタ ・・・・・・・・・・・・・・・・・ 26
てんとうむし ・・・・・・・・・・・・・・ 27
くわがたむし ・・・・・・・・・・・・・・ 28
かぶとむし ・・・・・・・・・・・・・・・ 30
だんごむし ・・・・・・・・・・・・・・・ 32
せみ ・・・・・・・・・・・・・・・・・・ 34
ちょうちょ ・・・・・・・・・・・・・・・ 35

Column 2
あると便利な道具いろいろ ・・・・・・・・ 36

Chapter 3 動いて遊べる！おもちゃワールド

紙飛行機①	38
紙飛行機②	39
しゅりけん	40
こま	42
ぴょんぴょんかえる	44
ぱっちりカメラ	46
紙ふうせん	48
かざぐるま	50
おすもうさん	52

Column 3
折った折り紙で遊ぼう！ーからだ編ー 54

Chapter 4 みんな大好き！いきものワールド

くじら	56
イカ	58
マンボウ	60
カレイ	62
ねったいぎょ	64
かめ	66
ねこ	67
いぬ	68
ライオン	70
ぞう	72
きりん	74
さる	76
ねずみ	78
レッサーパンダ	80
ペンギン	82
わし	85

ふくろう ･･･････････ 86
きょうりゅう ････････ 88
Column 4
折った折り紙で遊ぼう！ー風景編ー 90

Chapter 5 ごっこ遊びができる！たべものワールド

ガム ･･････････････ 92
プリン ････････････ 93
ソフトクリーム ･･････ 94
すいか ････････････ 95
りんご ････････････ 96
とうもろこし ･･･････ 98
カレーライス ･･････ 100
おにぎり ･････････ 101
ホットドッグ ･････････ 102
ドーナツ ･････････ 104
Column 5
折った折り紙で遊ぼう！ー切り絵編ー 106

Chapter 6 飾って楽しい！季節の行事ワールド

（春）かぶと ･･････ 108
（春）こいのぼり ･･ 110
（夏）あさがお ･･･ 112
（夏）かき氷 ･････ 114
（秋）メダル ･････ 116
（秋）おばけ ･････ 118
（秋）こうもり ･･･ 120
（冬）サンタクロース 122
（冬）ししまい ･･･ 124
（冬）おに ･･･････ 126

折る前に おぼえておきましょう

この本で使っている折り方の記号を紹介します。
折りはじめる前にしっかり読んでおきましょう。

谷折り
折りすじが内がわになるように折ります。

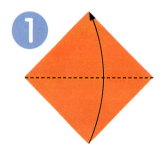
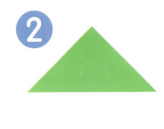

山折り
折りすじが外がわになるようにうしろに折ります。

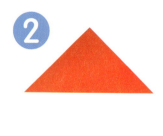

折りすじをつける
一度折り線のとおりに折ってから戻します。

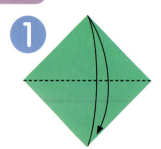

うらがえす

上下の位置は変えず、折り紙を左右にうらがえします。

 ①  ②

むきをかえる

折り紙のむきをかえます。

 ①  ②

いろいろと回転する場合があります。

ひろげる

矢印のところに、指を入れて、折り紙をひろげて折ります。

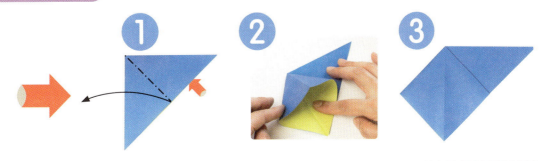

段折り

谷折りと山折りを交互に折り、段にします。

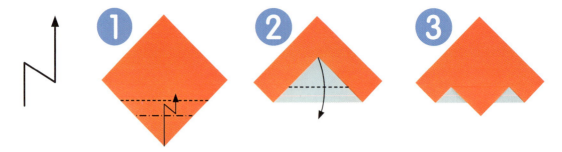

巻くように折る

谷折りをくり返して、内がわに巻くように折ります。

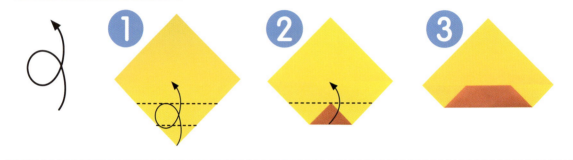

差し込む

矢印の方向に差し込みます。

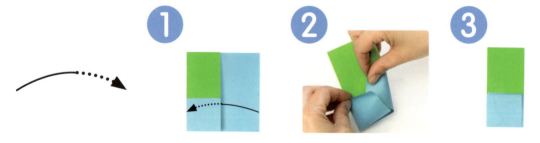

同じ幅に折る

辺の長さや幅が同じになるように折ります。

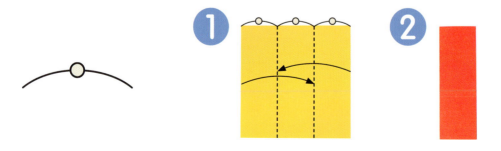

☆を○にあわせて折る

☆印のついた角や辺を
○印にあわせて折ります。

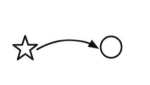 **①**  **②**

はさみで切る

太線がひいてあるところを切ります。

①  **②**  **③**

おうちの方へ
子どもといっしょに
楽しく折り紙を折るために…

★きれいに折ることよりも、お子さんといっしょに楽しく折ることを心がけましょう。

★お子さんが折っているときは、最後まで折るよろこびや楽しさを体験させるために、できるだけ手を出さずに見守ってあげましょう。

★お子さんが最後までがんばって折った作品はたくさんほめてあげましょう。

★折り紙は薄いので、指などを切らないように注意してください。

★はさみや目打ちなどを用いる作品もありますので、お子さんのそばで注意しながらお使いください。

この本の使い方

男の子が大好きなモチーフ62作品が集合！
見ながら折れる手順つきで
わかりやすく紹介します。

この本で使う折り紙
- 一般的な15cm×15cm、7.5cm×7.5cmの折り紙を使用しています。ただし、作品によってははじめに長方形に切ってから折ったり、一般的なサイズより大きいもので折ったりしている場合もあります。まずはページに記載されている大きさを参照してください。
- 紹介している大きさはあくまでも参考なので、お好みでいろいろな大きさでチャレンジしてください。

作り方
- この本では、小さなお子さんでも作れるように手順にそって、写真で折り方を紹介しています。文字が読めなくても、見ながらできるように工夫されています。
- とくに紹介したいところやむずかしいところでは、ポイントにしてありますので、どうぞご覧ください。

折り方の記号
- P6〜9に、作品すべてに共通する折り方の記号やケイ線の意味を記載していますので、折りはじめる前にかならず読んでください。

紙のサイズ
作り方で使用している紙の大きさです。

仕上がりサイズ
できあがった作品のたて×横×(高さ)の大きさです。できあがりの目安にしてください。

レベル
折り紙の難易度を
かんたん ★
ふつう ★★
むずかしい ★★★
と3段の階段に分けて表示しています。

イメージ写真
作品のイメージにあう折り紙で折った作品です。絵をかいたりシールをはったりして仕上げています。

折り図
折り方の手順がわかりやすいように、次の段階の写真を折り戻したものを使用しています。

ここがポイント
作品をじょうずに折るためのコツやアレンジの方法などを紹介しています。

できあがり
クレヨンマーク
作品のできあがり写真を大きく紹介しています。また、できあがったあとにクレヨンやシールなどはったものには、クレヨンマークが入っています。

遊び方
Chapter3のおもちゃの作品には、おもちゃの遊び方を紹介しています。

やっぱりかっこいい！
のりものワールド

くるま、新幹線、ロケット、ふねなど、
男の子が一度は夢中になる
のりものをピックアップ！

くるまのカタチに
見立てて折ろう！

くるま

ふつう!!

紙のサイズ
15cm×15cm：1枚

仕上がりのサイズ
約8.5cm×15cm

窓やライト、タイヤをかいて、ププー！さぁ出発だ。

①
たて半分に折ります。

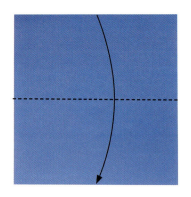

②
横半分に折ります。

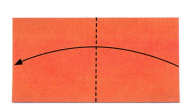

③
一度、②のところまで開きます。

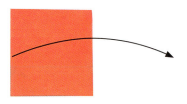

④
上から2cmのところに折りすじをつけます。

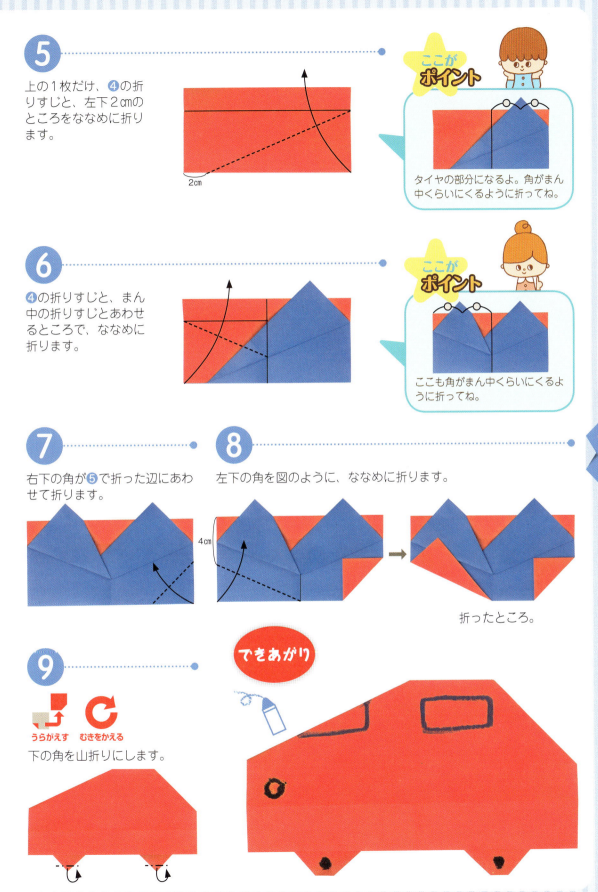

タイヤの折り方が
ポイント♪

バス

かんたん！

紙のサイズ
15cm×15cm：1枚

仕上がりのサイズ
約8.5cm×15cm

きみの町を走るバスの色にあわせて折ってみよう！

1 たて、横半分に折りすじをつけます。

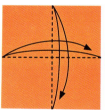

2 さらに折りすじをつけます。

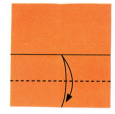

3 左右の角を折りすじにあわせて、ななめに折ります。

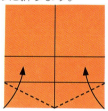

4 ❷でつけた折りすじにあわせて、山折りにします。

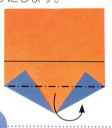

ここがポイント

左右の三角部分は折らないよ。

5 上の辺が折りすじより1cmくらい下になるように折ります。

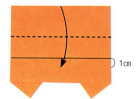
1cm

6 下の角を山折りにします。

できあがり

UFOの独特のカタチに
注意して折ろう！

UFO

ふつう!!

紙のサイズ
15cm×15cm：1枚

仕上がりのサイズ
約7cm×10.5cm

折り紙を切って作った宇宙人をのせて遊んじゃおう。

1

三角に折りすじをつけます。

2

三角に折ります。

3

下から7cmを上に折ります。

4

図のように、まん中で折ります。

5
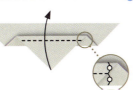

上の1枚だけ、図のようにまん中で折ります。

6
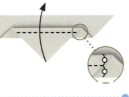

左右の角をまん中の折りすじにあわせて折ります。

ここが ポイント

○のところであうように折るといいよ！

7
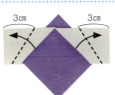

左右どちらとも3cmのところで、ななめに折ります。

8

うらがえす　むきをかえる

上の角を山折りにします。

できあがり

羽根が左右対称に
なるように折るよ

ロケット

ふつう!!

紙のサイズ
15cm×15cm：1枚
仕上がりのサイズ
約11.5cm×9.5cm

カラフルな色の元気な模様のロケットで宇宙へゴー！

1
三角に折ります。

2
上から3cmを下に折ります。

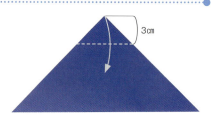

3
上の1枚だけ、元に戻します。

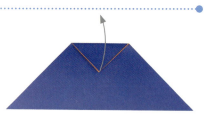

4
もう1枚を中に折り込みます。

ここがポイント

一度ひろげてから折ると、折り込みやすいよ。

折ったところ。

じゃばら折りを使って
車輪にしよう！

電車

ふつう!!

紙のサイズ
15cm×15cm：1枚

仕上がりのサイズ
約6.5cm×16cm

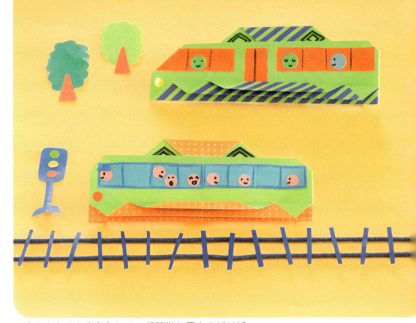

窓のカタチも変えられる、超簡単な電車の折り紙。

1
たて、横半分に折りすじをつけます。

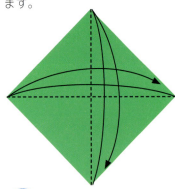

2
下の角を折りすじにあわせて、三角に折ります。

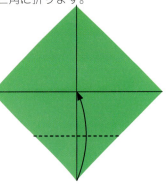

3
下の辺を折りすじにあわせて折ります。

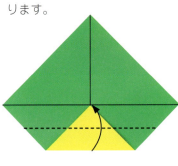

4
さらにもう1回同じように折ったら、ひろげます。

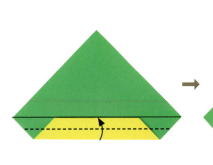

折ったところ。

5
まん中の折りすじより1本下の折りすじを折ります。

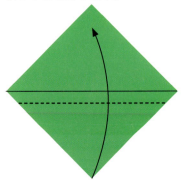

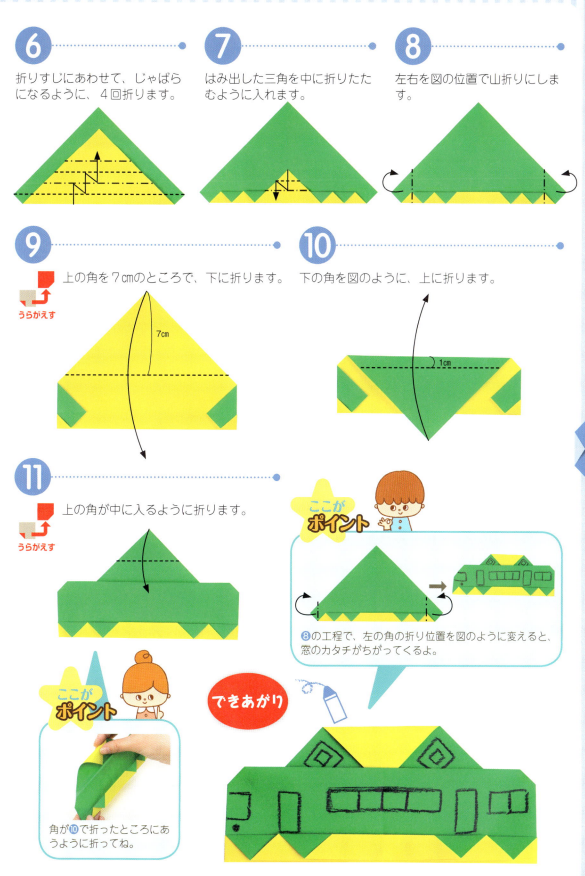

だれでもすぐにできる!
かっこいい新幹線

新幹線

かんたん!

紙のサイズ
15cm×15cm：1枚
仕上がりのサイズ
約7.5cm×15cm

シャープなフォルムがスピード感いっぱい。速そうね。

1
たて半分に折ります。

2
上の1枚だけ、1cm折ります。

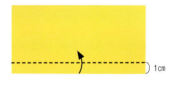

3
左上の角を折って、折りすじをつけます。

4
左上の角をひろげながら、つぶすように折ります。

ここがポイント

ひろげたら、人さし指を角に入れ、三角になるように折ってね。

5
三角を半分に折ります。

できあがり

ヨット

1、2、3で
ヨットの完成！

かんたん！

紙のサイズ
15cm×15cm：1枚
仕上がりのサイズ
約12.5cm×15cm

ヨットにおさるさんとねずみさんをのせて、ゆ〜らゆら。

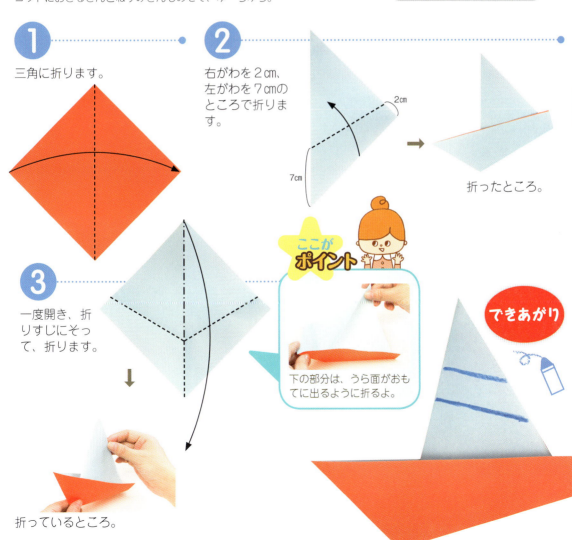

① 三角に折ります。

② 右がわを2cm、左がわを7cmのところで折ります。

折ったところ。

③ 一度開き、折りすじにそって、折ります。

折っているところ。

ここがポイント
下の部分は、うら面がおもてに出るように折るよ。

できあがり

ふねの底の折り方が
できればあとは簡単！

ふね

ふつう!!

紙のサイズ
15cm×15cm：1枚

仕上がりのサイズ
約7.5cm×15cm

青い画用紙の上をなみなみに切った海の上に浮かべてみよう。

1

たて、横半分に折りすじをつけます。

2

まん中の折りすじにあわせて折ります。

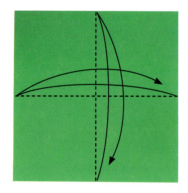

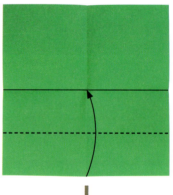

↓

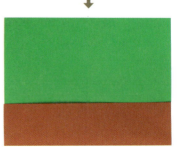

折ったところ。

3

うらがえす

まん中の折りすじにあわせて折ります。

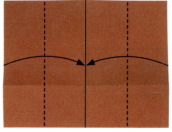

22

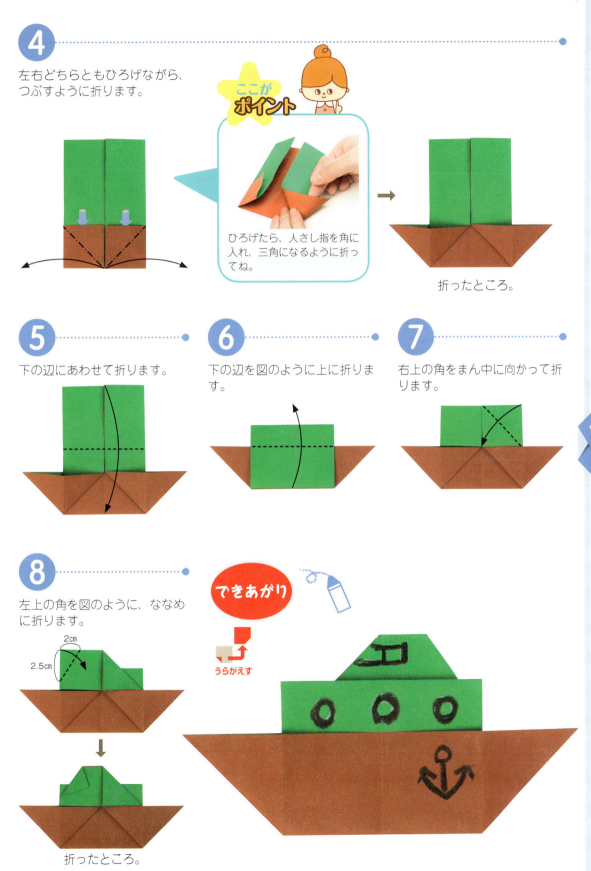

Column 1 いろいろな折り紙で折ろう!

折り紙の紙には、片面や両面に色が入っているものだけでなく、いろいろな種類があります。選ぶ折り紙の模様や色によって作品のイメージもずいぶんと変わります。中でも男の子におすすめな柄は、星やストライプ柄。ぜひ使ってみてください。

チェック・ストライプ柄
シンプルでさわやかな模様。とくにストライプ柄はシャープな印象に。のりものや建物にぴったりです。

グラデーション柄
色の濃さや色あいを変えた折り紙。おしゃれでモダンな印象に。季節の行事などのモチーフに向いています。

包装紙
折り紙ではないですが、特徴のあるデザインやクールな柄の包装紙はとっておきましょう。折り紙のサイズに切って使いましょう。

星・水玉模様
星も水玉もポップで元気な印象に。かざぐるまやこまなど、おもちゃの折り紙だったらなんでもあいます。

両面折り紙
おもてとうらで色がちがう折り紙。この色ちがいをじょうずに使いましょう。たとえば、すいかだったら、赤とみどりの組みあわせがベスト!

Chapter 2

作ってじまん！昆虫ワールド

くわがたむし、かぶとむしの
かっこいい虫から、
てんとうむし、だんごむしなど
ちっちゃい虫までだ〜い集合！

羽をななめに
折るところがポイント♪

バッタ

かんたん！

紙のサイズ
15cm×15cm：1枚

仕上がりのサイズ
約7cm×9.5cm

顔は下向き、尾っぽは上向きのカタチがバッタらしさを出しているよ。

1
三角に折ります。

2
さらに三角に折ります。

3
上の2枚だけ、2cmと7cmのところで、ななめに折ります。

4
図のように、1cmと4cmのところで、ななめに折ります。

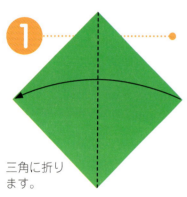

5
うらがわも❸と❹の工程と同じように折ります。

うらがえす

うらがわを折ったところ。

できあがり

ここがポイント
ひろげたら、立たせることができるよ！

26

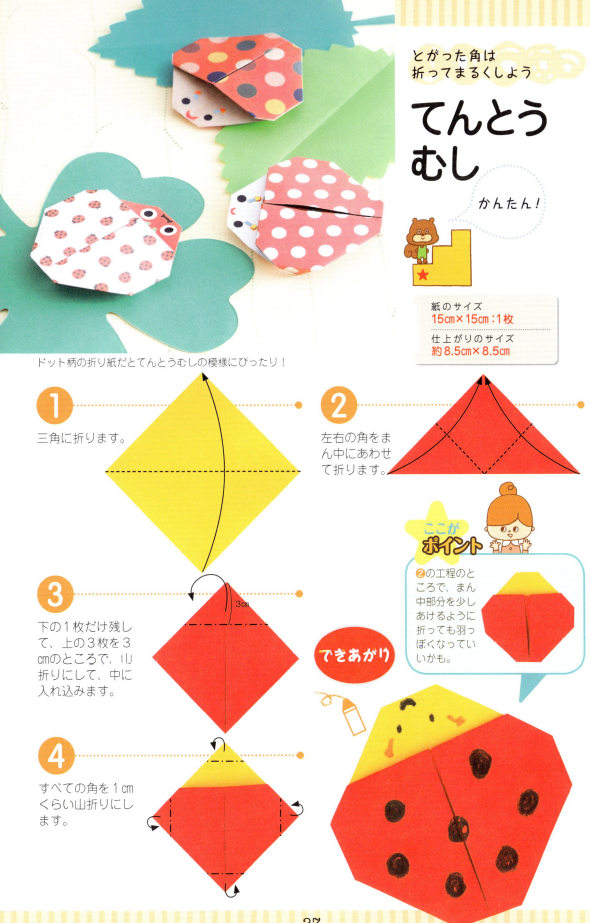

くわがたむし

2回折ってできた
あごがかっこいい！

ふつう!!

紙のサイズ
15cm×15cm：1枚

仕上がりのサイズ
約9cm×3.5cm

ふたつ作って戦いごっこで遊ぼう！

1

三角に折ります。

2

下を1.5cm折ります。

3

左右どちらとも☆が○にあうように折ります。

折ったところ。

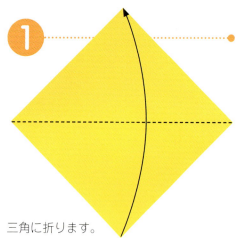

4

上の2枚だけ、半分に折ります。

うらがえす

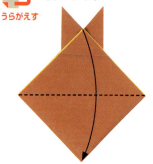

5

上の2枚だけ、下から2cmのところで折ります。

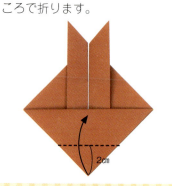

6

❺で折った三角の上のところからあわせて折ります。

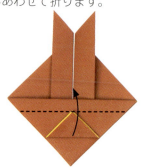

ツノははさみでチョッキン！
かぶとむし

ふつう!!

紙のサイズ
15cm×15cm：1枚

仕上がりのサイズ
約8cm×5cm

虫の王さま、かぶとむしのできあがり。本物みたいで強そうだ！

1
三角に折ります。

2
さらに三角に折り、折りすじをつけます。

3
左右の角をまん中の折りすじにあわせて折ります。

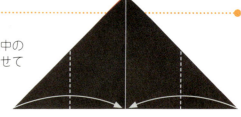

4
さらに左右の角をまん中の折りすじにあわせて折ります。

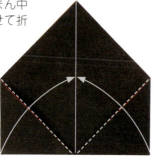

5
左右の角がまん中の折りすじであうように折ります。

うらがえす

6 図のように、左右どちらともななめに折ります。

7 下から1cm折ります。

8 上から3cmのところで折り、折りすじをつけます。
 うらがえす

9 図のように、3カ所切り込みを入れます。

10 切り込みを入れた左右が重なるように折ります。
 うらがえす

11 ツノの先をななめに山折りにします。さらに、左右の角もななめに折ります。

切っているところ。

できあがり
 うらがえす

ここがポイント

図のように、うらの○部分をななめに折ると、立体的になるよ。

うらがえす

作ってじまん！ 昆虫ワールド

本物みたいに
まあるくなるよ
だんごむし

ふつう!!

紙のサイズ
15cm×15cm：1枚
仕上がりのサイズ
約6.5cm×5.5cm×3cm

折り紙のだんごむしだって、まるめたりのばしたりできるぞ！

1
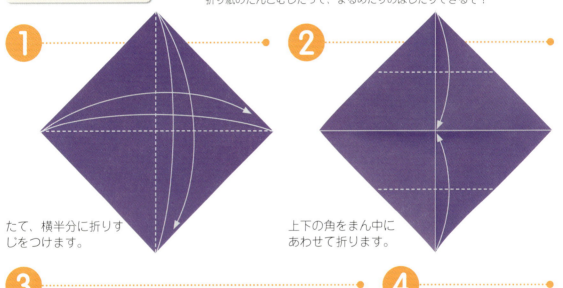

たて、横半分に折りすじをつけます。

2

上下の角をまん中にあわせて折ります。

3
さらに折ります。

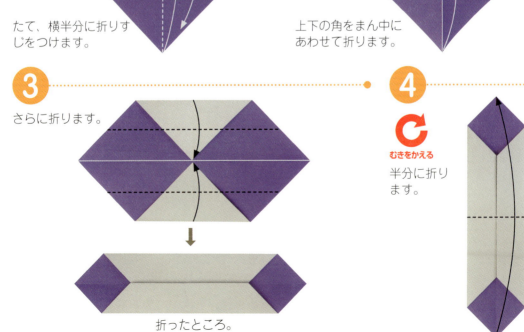

折ったところ。

4
むきをかえる

半分に折ります。

下から1.5cmの幅で3回巻くように折り、折りすじをつけます。❹のところまで開きます。

折ったところ。

折りすじにあわせて、5mmほどつまんで、上から6カ所を段折りにします。

折りすじをつまんで、前に折るようにするといいよ。

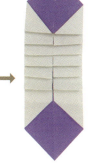

段折りしたところ。

しっかり折りたいときは、スプーンを使うときれいになるよ。

上下の角を1cm折ります。

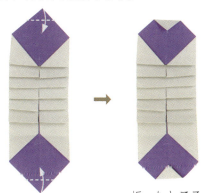

折ったところ。

うらがえす

それぞれの角を少し山折りにします。

こうすることで、自然とまるまってきます。

☆を○の中に入れるようにします。

できあがり

昔からある折り方で
夏の虫ができあがり！

せみ

かんたん！

紙のサイズ
15cm×15cm：1枚
仕上がりのサイズ
約8.5cm×8cm

色ちがいの折り紙を少しだけ見せるのがポイント！

1
三角に折りすじをつけます。

2
三角に折ります。

3
左右の角をまん中にあわせて折ります。

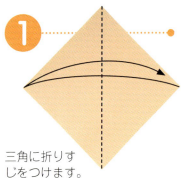

4
図のように、少しななめに折ります。

ここがポイント
下から4cmくらいのところで折るといいよ。せみの羽になるところだから、バランスが大事。

5
上の1枚だけ、上から4cmのところで下に折ります。

6
もう1枚を5mmほどずれるように折ります。

折ったところ。

7
まん中の折りすじにあうように折ります。

うらがえす

できあがり

うらがえす

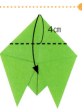

折った角を顔に見立てるよ！

ちょうちょ

かんたん！

紙のサイズ
15cm×15cm：1枚

仕上がりのサイズ
約13cm×11cm

折り紙の模様や色で、いろいろなちょうちょを楽しんで！

1
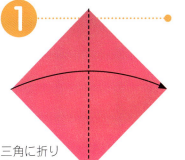
三角に折ります。

2
左右の辺どちらとも下から12cmのところで、ななめに折ります。
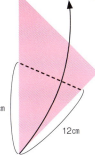

3
辺と辺があうように折ります。
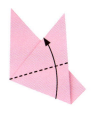

4
1cmのところで、上の1枚だけ、下に折ります。

5
角を折ります。

6
❺で折った上の部分を中に入れるように折ります。

できあがり

ここがポイント
一度ひろげて、中に押し込むように折ってね。

Column 2

あると便利な道具いろいろ

折り紙の作品を作るとき折り紙以外にも使う道具があります。仕上げに顔や模様をかくもの、切るもの、はるものなど、持っていると役立つグッズを紹介します。

マスキングテープ
はってもはがせるのが特徴。いろいろな模様のものがあるので、はったところを模様として見せてもステキです。

クレヨン
折り紙になにかをかくときは、クレヨンがよくにあいます。クレオロール（パイロット）は、発色が鮮やかでかいた線がすれにくいのでよく使います。

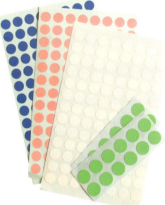

のり
折り紙をきちんとはってとめたいときに使います。

シール
いきものの目玉用シールによく使う丸型シール。大小、色などいろいろとそろえておくと便利です。

カラーペン
ポスカ（三菱鉛筆）など、きれいな発色で紙にかいてもにじまず、裏うつりしないカラーペンがおすすめ。

ものさし
この本の作品も何cmで折るといった作り方があります。きれいなカタチにしたいなら、ものさしできちんとはかることが大事です。

はさみ
切って作る作品もいくつかあります。はさみはいつでも使える場所に用意しておきましょう。

スプーン
ぎゅっとしっかり折りたいとき、スプーンの背を使うと、少ない力でしっかり折り目がつけられます。

Chapter 3

動いて遊べる！
おもちゃワールド

紙飛行機、ぴょんぴょんかえる、
おすもうさんなど、
折ったあとも遊べる
折り紙作品がいっぱい！

正方形の
折り紙で作れる！

紙飛行機①

かんたん！

紙のサイズ
15cm×15cm：1枚
仕上がりのサイズ
約3cm×16.5cm

だれにでも折れる定番の紙飛行機！ ふわっと飛ぶよ。

1
たて半分に折りすじをつけます。

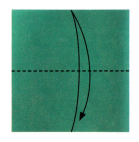

2
まん中の折りすじにあわせて折ります。

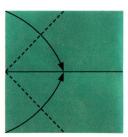

3
さらにもう1回まん中の折りすじにあわせて折ります。

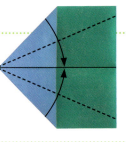

4

うらがえす

まん中の折りすじで半分に折ります。

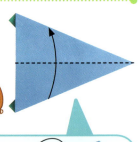

ここがポイント
うらがえさずに、山折りで折ることもできるよ。でも、④のように谷折りで折ったほうがラク♪

5
辺と辺をあわせて折ります。反対がわも同じように折ります。

できあがり

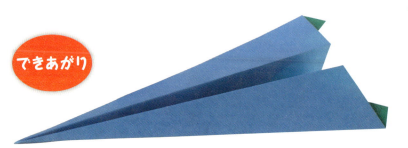

遊び方

紙飛行機の下を持って、飛ばして遊んでね。

新聞紙など
長方形の紙で作れる！

紙飛行機②

ふつう!!

紙のサイズ
24×18cm：1枚

仕上がりのサイズ
約5.5cm×16cm

動いて遊べる！ おもちゃワールド

ビューンとまっすぐ、よく飛ぶ紙飛行機だよ。

1
たて半分に折りすじをつけます。

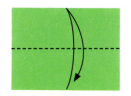

2
まん中の折りすじにあわせて折ります。

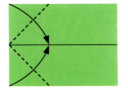

3
図のような位置で、左がわを折ります。

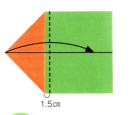

1.5cm

4
左がわの角を、まん中の折りすじにあわせて折ります。

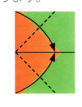

5
少し出ている三角を折ります。

ここがポイント
ここを折るのがポイント！紙飛行機を飛ばすときに適度なおもりになって安定するよ。

できあがり

6
うらがえす
まん中の折りすじで半分に折ります。

7
辺と辺をあわせて折ります。反対がわも同じように折ります。

遊び方

紙飛行機の下を持って、飛ばして遊んでね。

2枚の折り紙で作る
定番の紙おもちゃ！

しゅりけん

ふつう!!

紙のサイズ
15cm×15cm：2枚
仕上がりのサイズ
約8.5cm×8.5cm

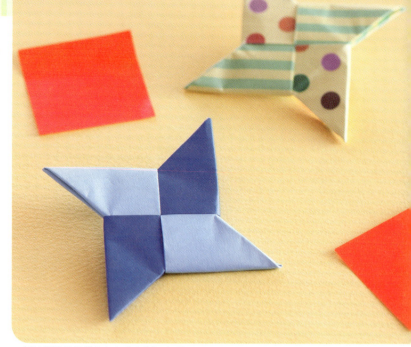

折り紙の色の組みあわせも楽しんで。

1
折り紙を2枚用意したら、どちらとも横半分に折りすじをつけます。

2
2枚ともまん中の折りすじにあわせて折ります。

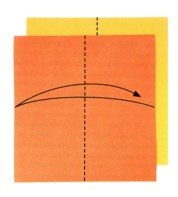

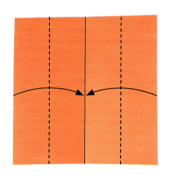

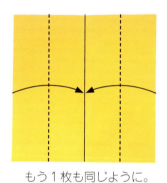

もう1枚も同じように。

3
さらに2枚とも半分に折ります。

4
角を辺にあわせて、図のようにななめに折ります。

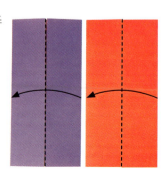

ここがポイント
ここから、折り方の向きがちがうので注意！

40

つまようじをさせば
こまに大変身！

こま

ふつう!!

紙のサイズ
15cm×15cm：2枚

仕上がりのサイズ
約5cm×5cm

折り紙で、おもしろいようにくるくる回るこまの完成！

1
折り紙を2枚用意したら、①②の順でどちらとも3等分にして折ります。

2
2枚とも、角を辺にあわせて、図のようにななめに折ります。

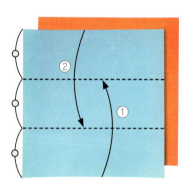

3
上の折り紙（きみどり）を、下の折り紙（青）の上にのせます。

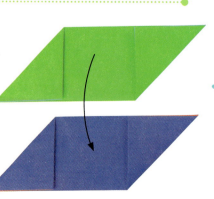

ここがポイント
重ねるときは、角の向きをまちがえないように注意してね。

42

折って作ったバネが
効果バツグン！

ぴょんぴょん
かえる

むずかしい!!!

紙のサイズ
15cm×15cm：1枚

仕上がりのサイズ
約5cm×6cm

友だちや家族ととばしっこして遊んでね。

1
たて半分に折りすじをつけます。

2
よこ半分に折ります。

3
上がわを山折りにして、折りすじをつけます。

4
左右をななめに折って、折りすじをつけます。

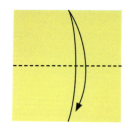
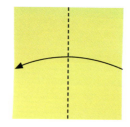

5
折りすじにあわせて、たたむように折ります。

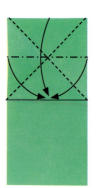

ここが ポイント

折ったところが、三角になるように折るよ。

両はしはきれいに折りたたんでね。

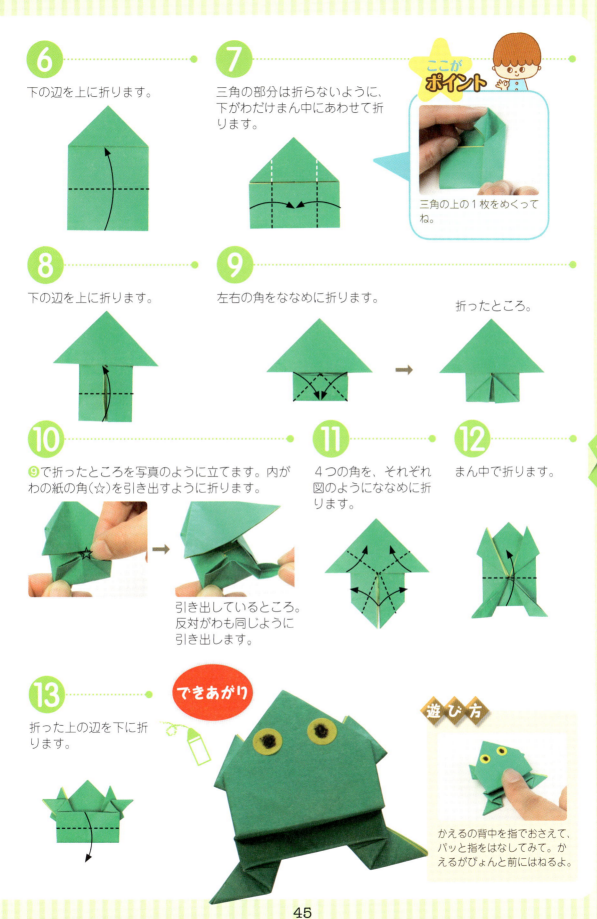

最後に角を
とめることが大事！

ぱっちりカメラ

ふつう!!

紙のサイズ
15cm×15cm：1枚
仕上がりのサイズ
約7cm×7.5cm×4.5cm

指で押して、パッチンと開いときの感覚がおもしろいよ！

1
たて、横半分に折りすじをつけます。

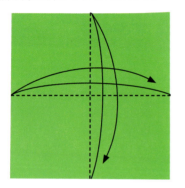

2
4つの角がまん中にくるように折ります。

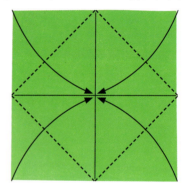

3
左右をまん中にあわせて、山折りにします。

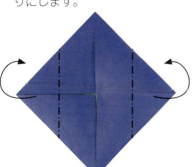

4
右がわの上と下の角がまん中にくるように折ります。

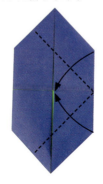

5
左がわも❹と同じように折ります。

2枚めの☆の部分を引き出したら、折ります。

上と下どちらとも引き出して、折ったところ。

ここがポイント

角をつまんで引き出して。 | 引き出せるところまで引っ張るよ。 | 引き出したところ。

うらがえす

左右どちらとも、ひろげながらつぶすように折ります。

ひろげて、折っているところ。 | どちらも折ったところ。

うらがえす

上と下の角を立てながら、上で交差します。

できあがり

交差した角をとめるように折ります。

折っているところ。

遊び方

うしろがわのまん中あたりを指で押してね。 | パチンと音がして、まん中が開くよ。

動いて遊べる！おもちゃワールド

折り紙で作る
昔ながらのおもちゃ
紙ふうせん

ふつう!!

紙のサイズ
15cm×15cm：1枚
仕上がりのサイズ
約5.5cm×4cm×3.5cm

大きな紙で作ると、もっと大きなふうせんになるからやってみて。

1
たて半分に折ります。

2
横半分に折ります。

3
ひろげながら、つぶすように折ります。

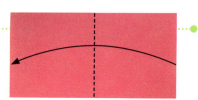

ここがポイント

折ると、こんなふうな三角になるよ。

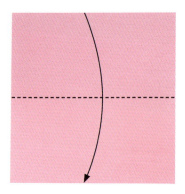

4
うらがえす
うらがわも同じように、ひろげながらつぶすように折ります。

5
左右の角を上の角にあわせて折ります。

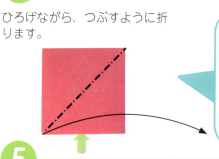

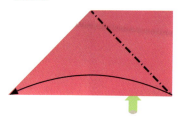

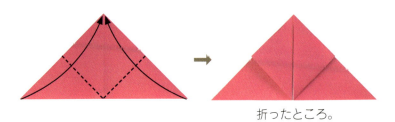

折ったところ。

6

うらがえす

うらがわも ❺ と同じように折ります。

7

左右の角どちらとも、まん中にくるように折ります。

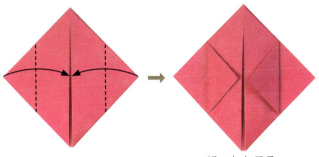

折ったところ。

8

うらがえす

うらがわも ❼ と同じように折ります。

9

上の角どちらともをまん中にくるように折ります。

10

さらにふくろの中に入れ込みます。うらがわも同じように入れ込みます。

ここがポイント

ふくろがわをしっかり開くと入れやすいよ。

11

下の穴から息を吹き、ふくらませます。

↑息

できあがり

遊び方
お手玉みたいに、てのひらでポンポンして遊んじゃおう。

ストローとモールも
準備しよう！

かざぐるま

かんたん！

紙のサイズ
15cm×15cm：1枚

仕上がりのサイズ
約15×15cm

ふぅーと息を吹きかけて回してみて。くるくる回るよ。

1
横半分に折りすじをつけます。

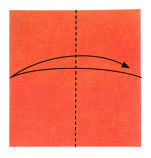

2
まん中の折りすじにあわせて折ります。

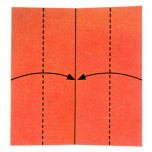

3
たて半分に折りすじをつけます。

4
さらに、まん中の折りすじにあわせて折ります。

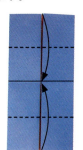

5
上がわをひろげながらつぶすように折ります。

ここがポイント

ひろげたら、こんな感じ。　　角はきれいにあわせて折ってね。

下がわも ❺と同じように折ります。

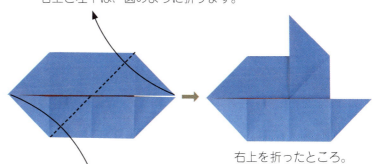 右上と左下は、図のように折ります。

右上を折ったところ。

 ４カ所のふくろ少しひろげます。

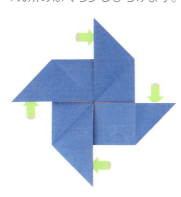

できあがり

動いて遊べる！おもちゃワールド

遊び方

用意するもの
・かざぐるま本体
・目打ち（穴をあけるもの）
・モール
・曲がるストロー

❶
目打ちで、かざぐるまのまん中に穴をあけてね。

❷
うらがわから、あけた穴にモールを１cmくらい差し込んで。

❸
おもてがわで、モールが抜けないように、まるくしてね。

❹
うらがわにして、ストローにモールを入れるよ。

奥まで入れてね。

❺
息を吹きかけたり、風をあてると回るよ。

はっけよーい！で
ゲームスタート

おすもうさん

ふつう!!

紙のサイズ
15cm×15cm：1枚
仕上がりのサイズ
約7.5cm×5cm×3cm

土俵を作って、動かして遊ぶともっと楽しい！

1
たて、横半分に折りすじをつけます。

2
4つの角がまん中にくるように折ります。

折ったところ。

3
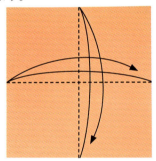
左右の角をまん中にあわせて折ります。
うらがえす

4
うしろがわの紙をひろげます。

5
下がわの三角部分を山折りにします。

6

上の角を下の辺にあわせて折ります。

7

上から1.5cmのところで折ります。

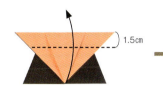 

折ったところ。

8 三角を折ります。

 うらがえす

9 半分になるように、山折りにします。

10 ☆の部分を引き出します。

できあがり

ここがポイント

軽くつまんで、持ち上げるようにしてね。

遊び方

用意するもの
- おすもうさん2体
- 空き箱
- 土俵（画用紙で作成）

❶ ふたりで遊んでね。空き箱の上に、土俵とおすもうさんをのせよう。

❷ 箱を指でトントンとたたくと、おすもうさんが動くよ。相手のおすもうさんを先に土俵から出すか、たおしたら勝ち！

動いて遊べる！ おもちゃワールド 3

Column 3 折った折り紙で遊ぼう！ からだ編

いきものの折り紙作品で、顔だけの作品も多くあります。そこで、折り紙で作った顔にからだをかいてみましょう。すわっていたり、走っていたり、絵でかけば好きなポーズにできますね。

からだもかいて、ライオンの完成！

ライオンの折り紙をはるよ！
P70 のライオンの顔を使いました。

くもや木をかこう！
サバンナの草原のイメージです。

からだもかいてね！
パパライオンはおすわり、子どもライオンは立っているなどポーズを変えても OK。

ライオンの顔の折り紙をのりではります。次に、からだのアウトラインをサインペンでかき、色を塗りましょう。背景の雲や木、地面などはバランスを見ながらクレヨンでかきましょう。

みんな大好き！
いきものワールド

人気の動物はもちろん、
海のいきもの、とり、
そしてきょうりゅうまで登場するよ！

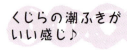

くじら

折り紙のツートンカラーをじょうずに利用して折ってね。

紙のサイズ
15cm×15cm：1枚

仕上がりのサイズ
約9cm×14cm

1
三角に折ります。

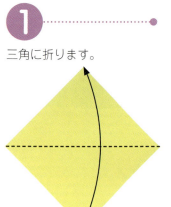

2
左がわを4cm折ります。

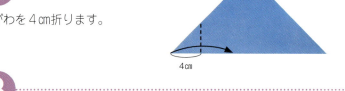

3
下の辺が7cm、右の辺が4cmのところで、ななめに折ります。

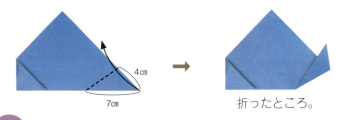

折ったところ。

4
ひろげます。

5
うらがえす

右の角を折りすじにあわせて、三角に折ります。

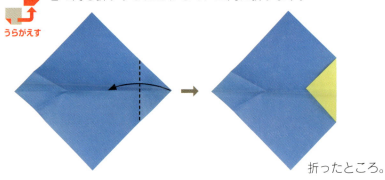

折ったところ。

ちょっと変わった
頭のカタチが特徴！

イカ

むずかしい！！！

紙のサイズ
15cm×15cm：1枚

仕上がりのサイズ
約16.5cm×10.5cm

あしを少し折り曲げると動きが出るぞ！

1
たて、横半分に折りすじをつけます。

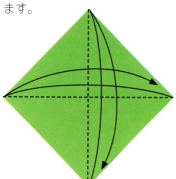

2
角をまん中の折りすじにあわせて折ります。

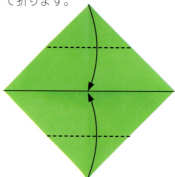

3
さらに折ります。

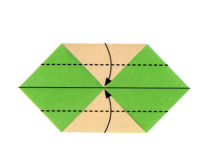

4
下がわのみひろげます。

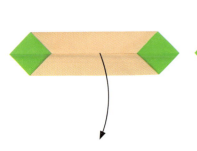

5
折りすじで折ります。

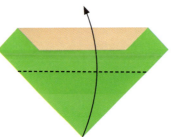

6
折りすじで折ります。

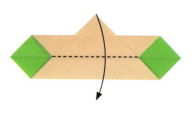

独特なシルエットを
じょうずに折ろう!

マンボウ

かんたん!

紙のサイズ
15cm×15cm：1枚

仕上がりのサイズ
約15cm×9cm

マンボウにまあるい目をかくと、とぼけた感じがよく出るよ！

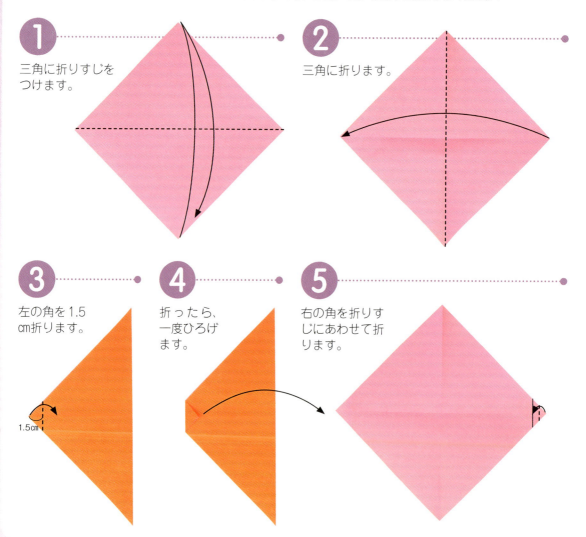

1 三角に折りすじをつけます。

2 三角に折ります。

3 左の角を1.5cm折ります。

4 折ったら、一度ひろげます。

5 右の角を折りすじにあわせて折ります。

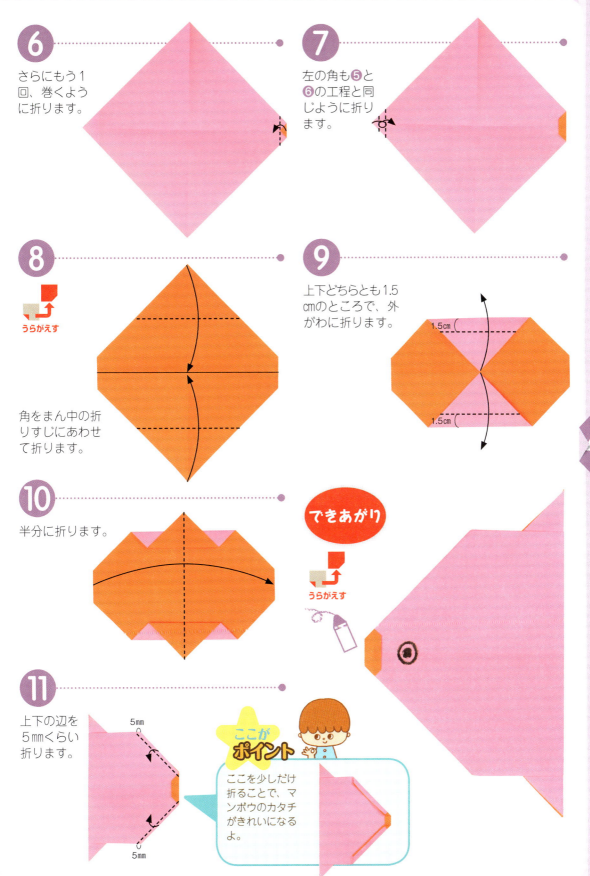

ヒレはちょっとだけ
ずらして折ろう！

カレイ

むずかしい!!!

紙のサイズ
15cm×15cm：1枚

仕上がりのサイズ
約12.5cm×11cm

目のかく位置を変えると、ヒラメに見立てることもできるね！

1
三角に折ります。

2
さらに三角に折ります。

3
ひろげながら、つぶすように折ります。

折ったところ。

4
うらがえす

反対がわも、つぶすように折ります。

5
左がわの上から2枚めを引き出すように引っ張り、少しずらして折ります。

ここがポイント
スライドさせるようにしてね。ちょっとむずかしいよ。

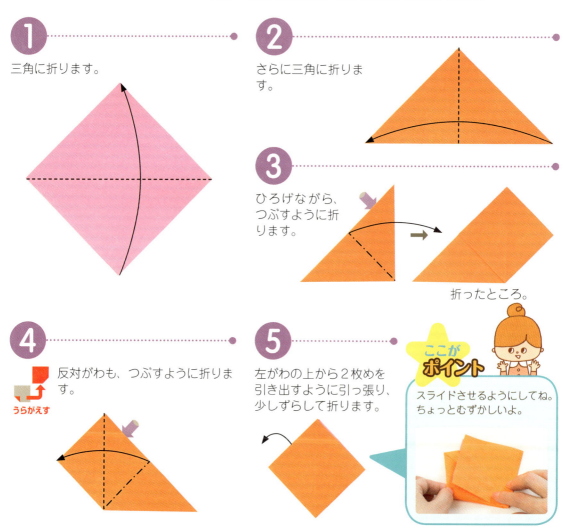

62

6

右がわも同じようにずらして折ります。

7
左右のはみ出したところを山折りにします。

8
下の2枚めの左右を1.5cmのところで切り込みを入れます。
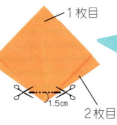

ここがポイント
1枚めをつまむようにして切るといいよ。

9

つながっているところを切ります。

ここがポイント
まず、❽で切った部分で、上の1枚だけつながっているところをきれいに切ります。

10
次に、まん中を切ります。
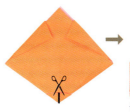

切っているところ。

11
切った部分を開きます。
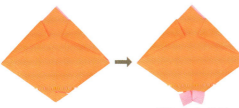
開いたところ。

できあがり
むきをかえる

12

上の1枚だけ、角を少し折ります。

みんな大好き！いきものワールド 4

尾ビレのひらひらを
きれいに折ること！

ねったいぎょ

むずかしい！！！

紙のサイズ
15cm×15cm：1枚
仕上がりのサイズ
約15cm×10.5cm

ねったいぎょっぽく、カラフルな折り紙で折るといいね♪

1
たて半分に折ります。

2
横半分に折ります。

3
ひろげながら、つぶすように折ります。

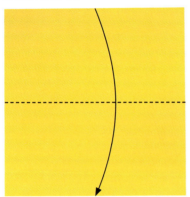

ここがポイント

折ると三角になるよ。

4

うらがえす

うらがわも同じように、ひろげながらつぶすように折ります。

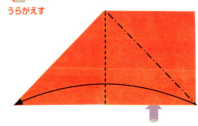

左右の辺をまん中の折りすじに
あわせて折ります。

さらに左右の辺をまん中にあわ
せて折ります。

7
折ったら、❺の工程のところま
でひろげます。

左がわの1枚をひろげながら、
つぶすように折ります。

ここがポイント

写真のようにまん中の折りす
じより、1本左にある折りす
じで谷折りになるようにして。

左の辺が谷折りしたところの
上に重なるように折ってね。

右がわも❽と同じ
ように折ります。

できあがり

うらがえす　むきをかえる

ここがポイント

折ると、まん中部分が少し重なるのが正解！

みんな大好き！いきものワールド

4

ちょこっとだけ
顔を出しているよ

かめ

紙のサイズ
15cm×15cm：1枚
仕上がりのサイズ
約14.5cm×10.5cm

こうらの模様をかいて、ちっちゃな目をかいて完成！

1
たて、横半分に折りすじをつけます。

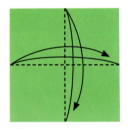

2
4つの角がまん中にくるように折ります。

3
4辺すべて1.5cmのところで、外がわに折ります。

1.5cm

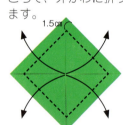

4

むきをかえる

3カ所の角を折ります。

5
左下の角を少し折ります。

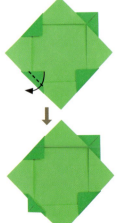

折ったところ。

ここがポイント
うらをこんなふうに立てて、まん中を折りすじで少し折ると、立体的になるよ。

できあがり

うらがえす

最初のななめの
折り方が大事！

ねこ

耳の色がちがうと、とってもおしゃれなねこに見えるよ。

紙のサイズ
15cm×15cm：1枚

仕上がりのサイズ
約7cm×11.5cm

1
図のように、左右どちらとも4cmのところでななめに折ります。

2
むきをかえる

下の角がまん中であうように折ります。

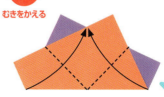

↓

折ったところ。

ここがポイント
下の辺が平行になるように、向きを変えてね。

3
うらがえす

下の角を3cmを折ります。

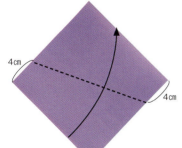

できあがり

4
鼻の先を少し下に折ります。

垂れた耳が
かわいいね

いぬ

かんたん！

紙のサイズ
15cm×15cm：1枚
仕上がりのサイズ
約6.5×13..5cm

耳のカタチがこだわりポイント！

①
三角に折ります。

②
さらに三角に折ります。

③
左下から5cmのところで、図のように折りすじをつけます。

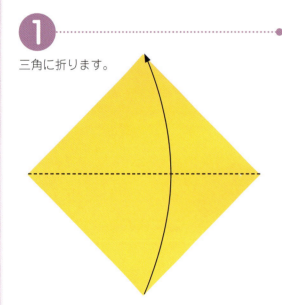

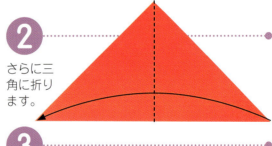

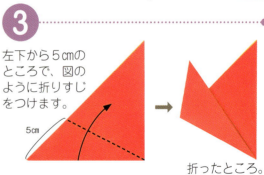

折ったところ。

④
❷の工程のところまでひろげ、折りすじのところで左右を折ります。

⑤
上の角を2.5cm折ります。

⑥

むきをかえる

上の1枚を元に戻します。

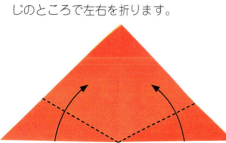

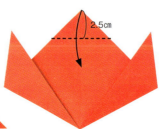

たてがみを作ればできあがり！

ライオン

ふつう!!

紙のサイズ
15cm×15cm：1枚
仕上がりのサイズ
約11cm×11..5cm

サイズちがいの折り紙で、ライオンの親子を作ってみてね！

1
上を4cm、左右を5cm折ります。

2
左右は元に戻します。

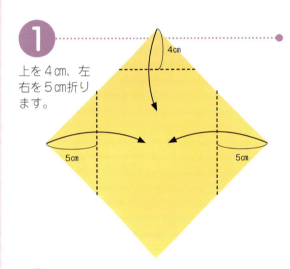

3
左右どちらとも折りすじまで折ります。

4
さらに左右を折りすじのところで折ります。

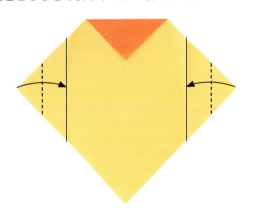

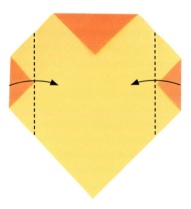

段折りの鼻は
ていねいに折ろう

ぞう

紙のサイズ
15cm×15cm：1枚

仕上がりのサイズ
約11.5cm×13.5cm

みんなが大好きなぞうさん。大きな顔にかく目は小さくすると◎。

1
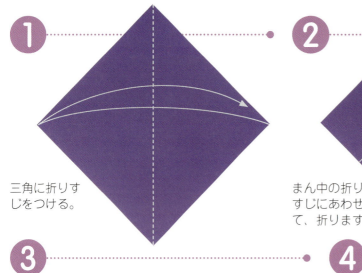

三角に折りすじをつける。

2

まん中の折りすじにあわせて、折ります。

3
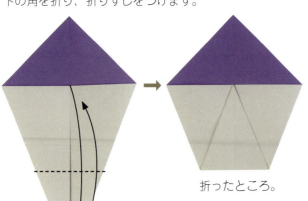

下の角を折り、折りすじをつけます。

折ったところ。

4
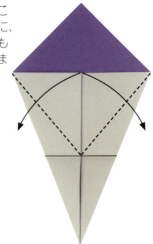

折りすじのところであうように、左右どちらともななめに折ります。

5

上から6cmのところで折ります。

6cm

ここがポイント

左右どちらとも5mmくらい幅があいているほうがいいよ。

6

左右どちらとも☆と○があうように、ななめに折ります。

折ったところ。

できあがり

7

鼻を段折りにします。

うらがえす

1.5cm
5mm
1.5cm
5mm
1.5cm
5mm

みんな大好き！ いきものワールド

こっち向きの
顔がナイス！

きりん

ふつう!!

紙のサイズ
15cm×15cm：1枚
仕上がりのサイズ
約13.5cm×9cm

黄色の折り紙で折ってからだの模様をかけば、あっという間にきりんさん。

1
三角に折ります。

2
下の辺が3cmのところと角をあわせて折り、ひろげます。

3cm　→　折ったところ。

3
一度ひろげて、折りすじあわせて、左右を折ります。

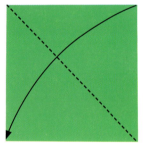

4
まん中の折りすじで半分に折ります。

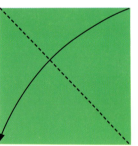

5
右の角を4cm折ります。

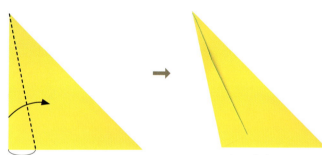

ここがポイント
折った先は下の辺より少し上になるようにしてね。

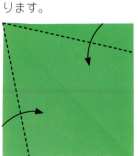
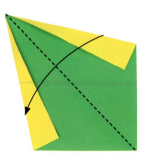

4cm

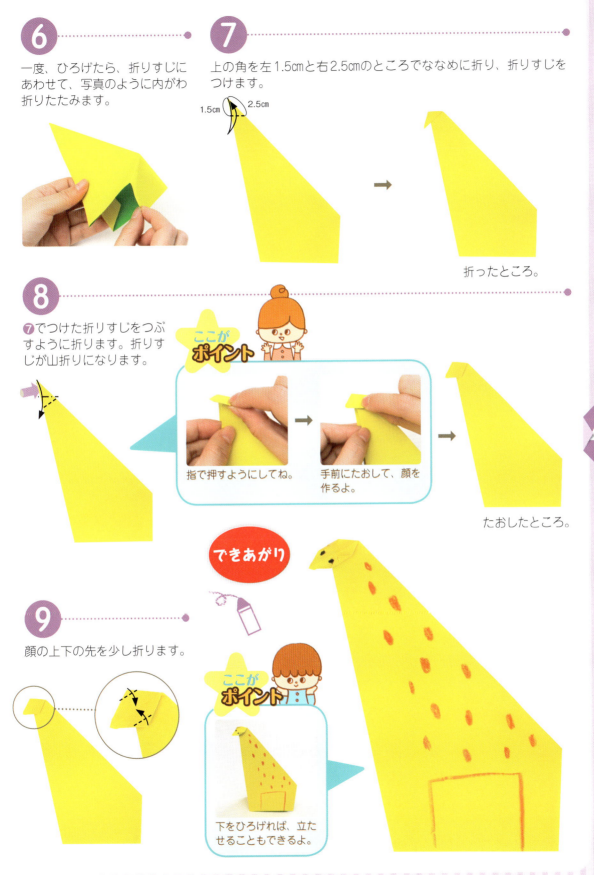

そろえた両手が
ポイント！

さる

ふつう!!

紙のサイズ
15cm×15cm：1枚
仕上がりのサイズ
約10cm×10cm

顔になる部分が赤になるような折り紙を選ぶと、おさるさんぽくなるよ。

1

三角に折りす
じをつけます。

2

1.5cm

上の角を1.5
cm折ります。

3

②で折った両端のラインにあわせて、左
右を折ります。

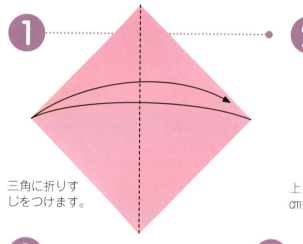

4

下を3cm折ります。

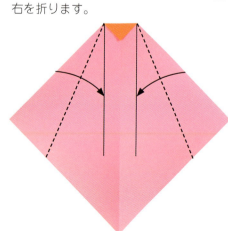

5

上を3cmあけて、下から半
分に折ります。

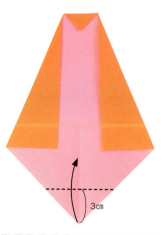
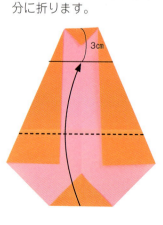

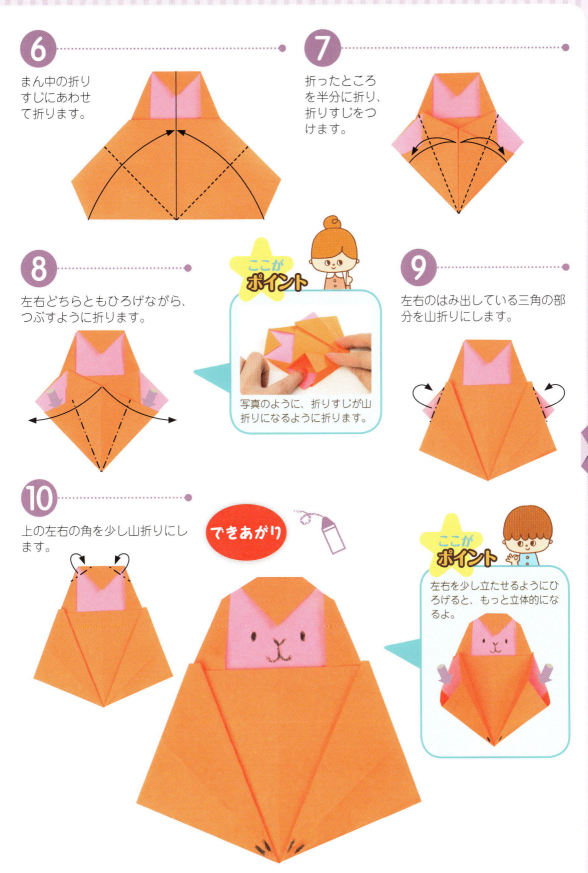

小物入れにも
なっちゃう！

ねずみ

むずかしい！！！

紙のサイズ
15cm×15cm：1枚

仕上がりのサイズ
約7cm×11.5cm

しっぽは、左右どちらに出してもいいよ。

1
三角に折ります。

2
さらに三角に折ります。

3
ひろげながら、つぶすように折ります。

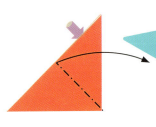

ここが**ポイント**

こんなふうに折ると、正方形になるよ。紙は折りやすい向きに変えていいよ。

4

うらがえす

うらがわも同じように、ひろげながら、つぶすように折ります。

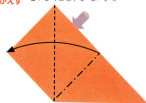

5
上の1枚だけ3cm折ります。

6
左右どちらともひろげながら、つぶすように折ります。

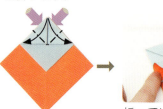

折っているところ。

7
下の角を少し折ります。

折ったところ。

8
上だけ、左がわをまん中にあわせて折り、折りすじをつけます。

うらがえす

9
左がわに開くように、ひろげながら折ります。

10
右の角を図のように折ります。左がわの上だけ、まん中の折りすじにあわせて折ります。

11
左の角2枚を図のように折ります。

ここがポイント
右がわの辺がまん中にあうように折ります。

12
⑪でめくった上の1枚を元に戻します。

13
下の角を2cm折ります。

折ったところ。

できあがり

うらがえす

みんな大好き！いきものワールド

ツートンカラーの
顔になるように折ろう！

レッサーパンダ

かんたん！

紙のサイズ
15cm×15cm：1枚

仕上がりのサイズ
約11.5cm×15cm

折り方を少し変えれば、たぬきにもなるぞ！

1
たて、横半分に折りすじをつけます。

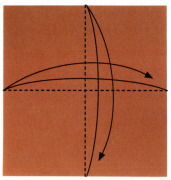

2
下の左右の角をまん中にあわせて折ります。

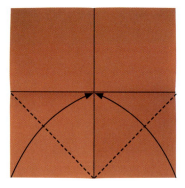

3
左右の辺を1.5cmのところで折ります。

折ったところ。

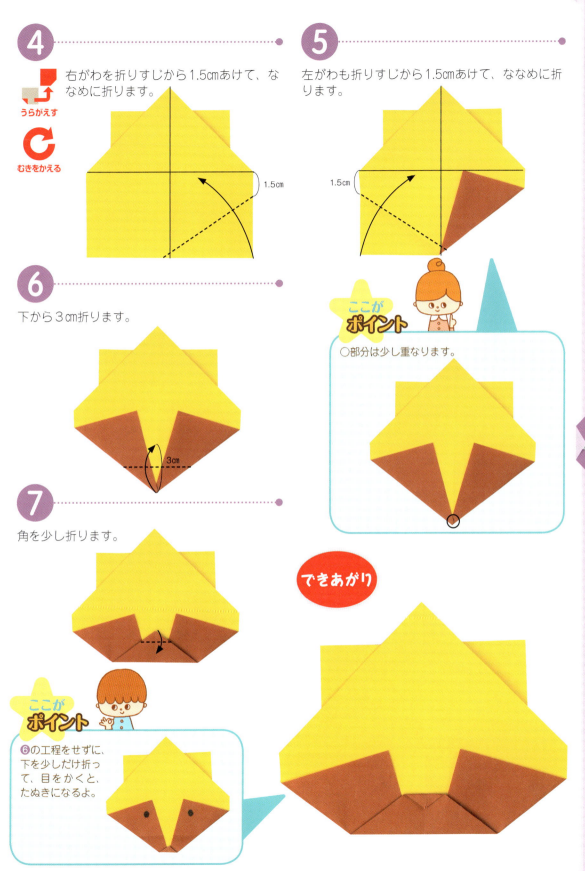

ペンギン

ちらっと見える
おなかがかわいい!

むずかしい!!!

紙のサイズ
15cm×15cm：1枚

仕上がりのサイズ
約8cm×6cm

立たせることもできちゃう！　本物そっくりだね。

1
三角に折ります。

2
さらに三角に折り、折りすじをつけます。

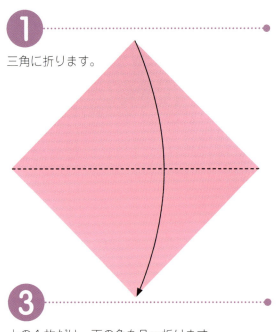

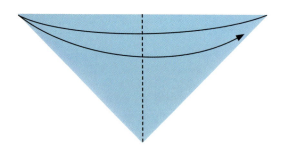

3
上の1枚だけ、下の角を7cm折ります。

4
半分に折ります。

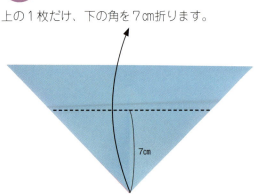

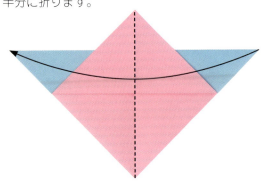

下の角を❹の工程で折ったところの辺にあわせて折り、折りすじをつけます。

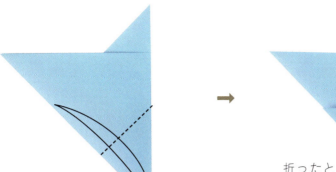

折ったところ。❹の工程で折ったところは内がわをめくって確認してね。

❺の折りすじにあわせてひろげたら、中に折りたたむように入れます。

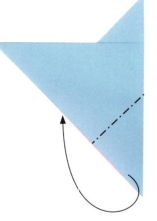

ここがポイント

三角のところを、両はしを指で持って、ひろげてね。

折りすじに通りに折れば、カンタンに中に入るよ。

図のようにななめに折り、折りすじをつけます。

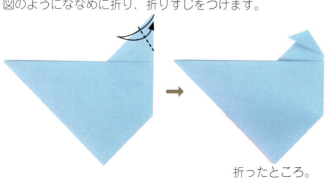

折ったところ。

ひろげながら、折りすじにあわせて、中に折ります。くちばしが出ます。

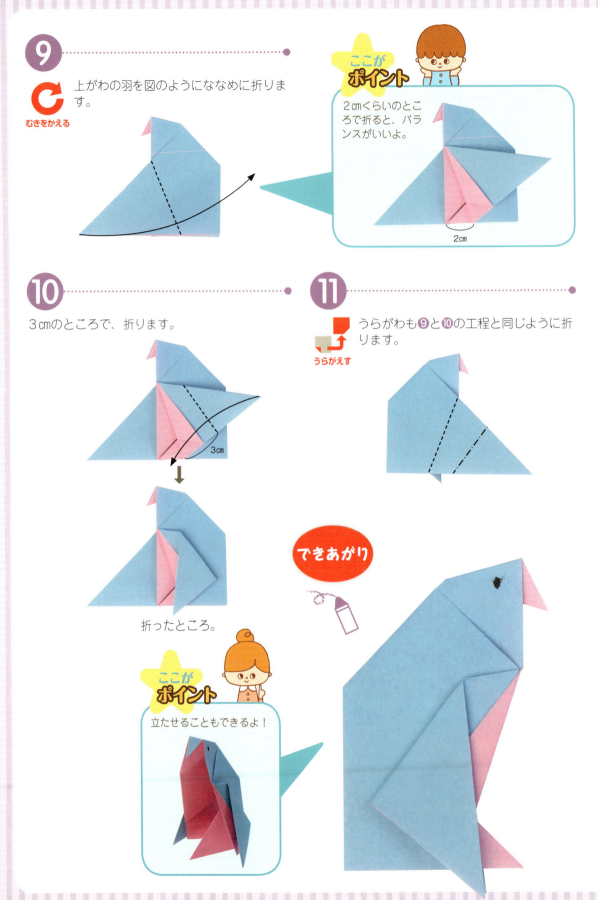

するどい くちばしにしよう！

わし

ふつう！！

紙のサイズ
15㎝×15㎝：1枚

仕上がりのサイズ
約9㎝×9㎝

かっこいい鳥といえば、わしだね！ クールな色で折ってみよう。

1
三角に折りすじをつけます。

2
まん中の折りすじにあわせて折ります。

3
上の角を2.5㎝折ります。
うらがえす

4
下の角を上の辺まで折ります。

5
折った先を、さらに少し折ります。

6
左右どちらとも角と角をあわせて、ななめに折ります。

7
左右どちらともひろげながら、つぶすように折ります。上の角は山折りにします。

できあがり

ここがポイント
内がわの山折りの部分が外がわの辺にあうように折るよ。

85

シルエットが特徴だよ！

ふくろう

ふつう!!

紙のサイズ
15cm×15cm：1枚

仕上がりのサイズ
約8.5cm×10cm

羽とあしをじょうずに折ろう！　まるっこいカタチに。

1
三角に折りすじをつけます。

2
下の角を8cm折ります。

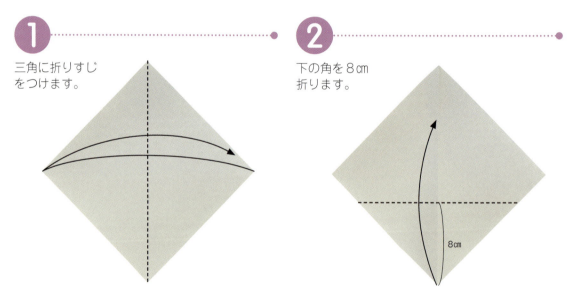

3
上を三角の角にあわせて折ります。

4
上の左右を1cmあけるように折ります。

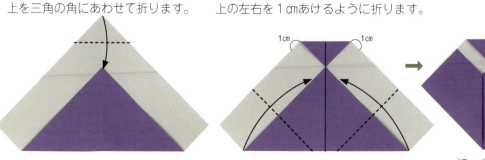

折ったところ。

5
うらがえす

左右どちらとも図のようにななめに折ります。

ここがポイント
折ったところ。上が直角になるのが正解！

6
うらがえす

下を2cm折ります。

7
❻で折った左右の辺に折りすじをつけ、折った下がわもひろげます。

ここがポイント
右手でおさえながら、左がわを持ち上げるようにして、折りすじをつけてね。

右がわも同じように。

8
開きながら、中に折り込みます。

つぶしながら、中に押し込むように折ります。

9
くちばしを少し折ります。

できあがり

ツノを作って
かっこよく！

きょうりゅう

むずかしい!!!

紙のサイズ
15cm×15cm：1枚

仕上がりのサイズ
約7×7.5×4.5cm

トリケラトプスみたいなカタチに折ったぞ！　かっこいい〜♪

1
三角に折ります。

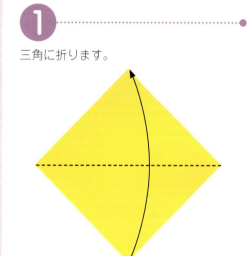

2
さらに三角に折ります。

3
ひろげながら、つぶすように折ります。

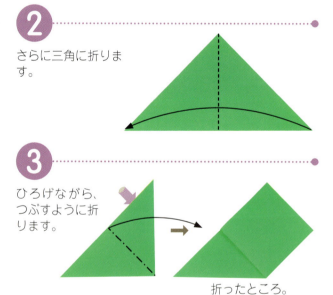

折ったところ。

4

うらがえす

ひろげながら、つぶすように折ります。

5
上の1枚だけ3.5cm折ります。

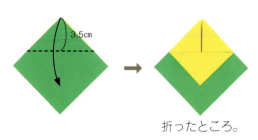

折ったところ。

6
半分に折ります。
うらがえす

7
折った部分を引き出すように折ります。

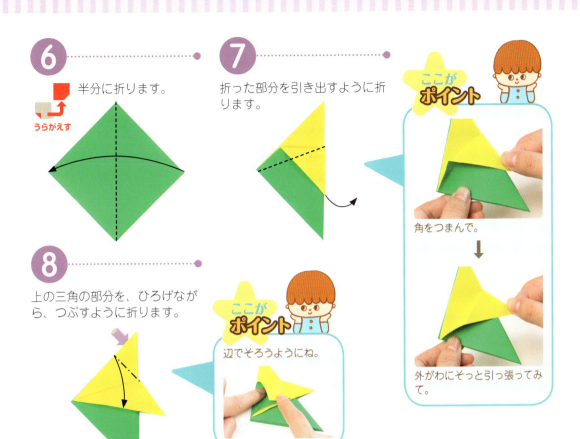

角をつまんで。

外がわにそっと引っ張ってみて。

8
上の三角の部分を、ひろげながら、つぶすように折ります。

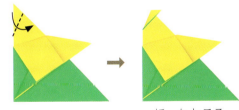

辺でそろうようにね。

9
うらがわも❽と同じように折ります。上の角をななめに折ります。

折ったところ。

10
一度、元に戻したら、写真のように、折りすじにあわせて反対がわに折り返します。

11
左下の角を、左右どちらとも内がわになるように、山折りにします。

できあがり

みんな大好き！いきものワールド

Column 4 折った折り紙で遊ぼう！ 風景編

折り紙だけでひとつのカタチになっているものは、背景や風景をかいて1枚の絵にするとよいでしょう。くるまだったら街なみを、くじらだったら海を、かぶとむしだったら森というように考えましょう。

町をかいて、くるまを走らせよう！

家やビルなど建物をかいてね！
道路を走るくるまの背景に、家やビル、木などの風景をかきくわえるだけ。

くるまの折り紙をはるよ！
P12のくるまを使いました。

大きさや色のちがう、くるまの折り紙を作ります。手前には大きなくるま、うしろには小さなくるまをはりましょう。遠くのほうに見える建物や木はクレヨンでかきましょう。くるまのうしろに横線を何本かかくと、走っているように見えます。

Chapter 5
ごっこ遊びができる！たべものワールド

あまーいスイーツ、ジューシーなフルーツ、
まんぷくお料理系の作品で、
なにして遊ぼうかな。

2枚の折り紙で簡単に！

ガム

かんたん！

紙のサイズ
7.5×7.5㎝：2枚

仕上がりのサイズ
約2.7×7.5㎝

絵や文字をかいて、好きな味のガムにしよう！

1
まず、ガムから折ります。3等分に折ります。

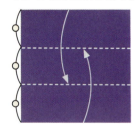

2
これで、ガム本体はできあがり。

3
次に、包み紙用の折り紙を用意し、左右を5㎜折ります。

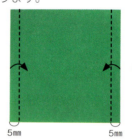

折ったところ。

4
❷で折ったガムを、まん中に置き、下がわをガムにあわせて折ります。

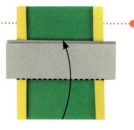

5
上がわをガムにあわせて折ります。

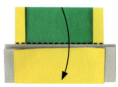

できあがり

うらがえす

ここがポイント
包みが開かないように、テープでとめてね。また、ガムの包み紙には、文字や絵をかくといいよ。

カラメルソースは
なみなみに切って!

プリン

かんたん!

紙のサイズ
15cm×15cm：1枚

仕上がりのサイズ
約7cm×15cm

お皿にのったカタチだから、そのままはい、どうぞ!

❶
下半分だけ折りすじを
つけます。

ここが ポイント
プリンなる部分に折りすじをつけたくないので、下半分だけつけてね。

❷
上の辺をなみなみになるように、はさみで切ります。

❸
上を1.5cm折ります。

❹
下を4.5cm
折ります。

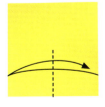

❺
左右をまん中の折りすじにあわせて折ります。

うらがえす

❻
左右どちらともひろげながら、つぶすように折ります。

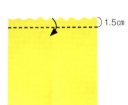

❼
下を1.5cm折ります。

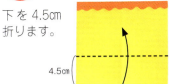

❽
左右どちらとも1.5cmのところで、ななめに折ります。

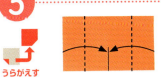

できあがり
うらがえす

折り紙は
三角に切るよ

すいか

かんたん！

紙のサイズ
15×15cm：1枚

仕上がりのサイズ
約9.5cm×6.5cm

ごっこ遊びができる！ たべものワールド

くだものや野菜などたべものを折るときは、本物の色にあわせると◎。

1 三角に切ります。

2 三角に折りすじをつけます。このとき、下半分だけ折ります。

3 下を1cm折ります。

4 うらがえす　左右をまん中にあわせて折り、折りすじをつけます。

ここがポイント
折ったとき、左右の角が重なるのが正解。

5 左右を折りすじにあわせて折ります。

6 左右をまん中にあわせて折ります。

7 左右の角を折ります。

できあがり
うらがえす

95

ちょこんと出てる
ヘタに注目!

りんご

ふつう!!

紙のサイズ
15cm×15cm：1枚
仕上がりのサイズ
約10cm×8.5cm

絵や模様をかかなくても、カタチだけですぐにわかるよ！

1
三角に折ります。

2
右の角を8cm折ります。

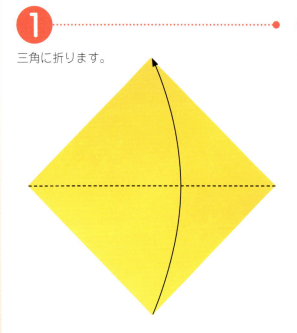

ここがポイント
このとき折った辺が、下の辺と平行になるように折ってね。

3
左の角も同じように8cmのところで、上から重ねて折ります。

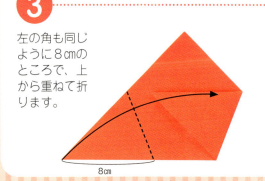

4
上の1枚だけ2cm折ります。

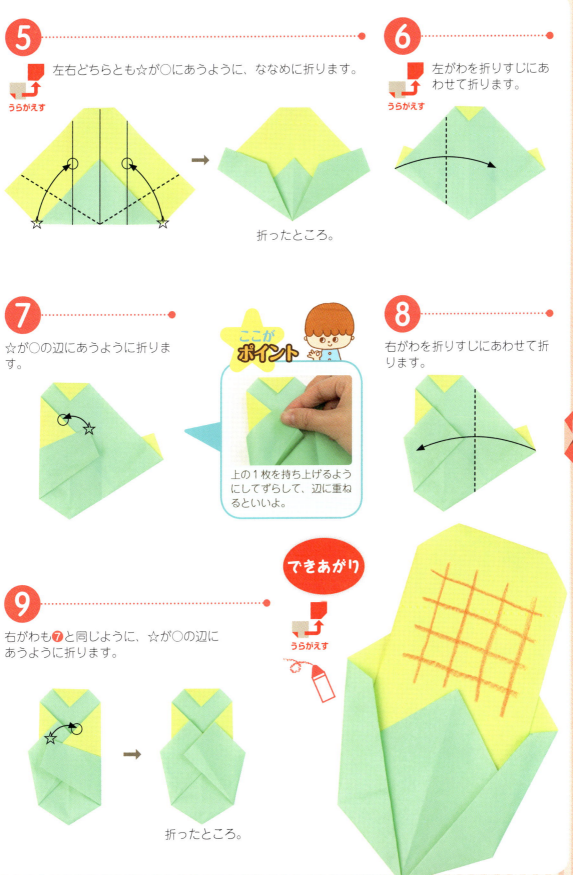

カレーライス

くしゃくしゃまるめて作ろう！

かんたん！

紙のサイズ
15×15cm：1枚

仕上がりのサイズ
約7cm×10cm

ちぎってまるめて折ると、ほら、みんな大好きカレーライスだよ！

1
はしを手でちぎります。

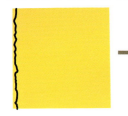

ちぎっているところ。

2
1/3の幅のところで折ります。

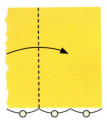

折ったところ。

3

うらがえす

下を4cm折ります。

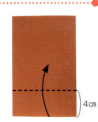

4
上から4cmのところで折り、☆を○に入れ込みます。

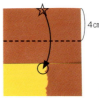

ここがポイント

手で少しくしゃくしゃにしよう。はじめにしてから折ってもOK！

5
角を少し折ります。

できあがり

うらがえす

おにぎり

いろいろな具をかけるよ！

かんたん！

紙のサイズ
15×15cm：1枚

仕上がりのサイズ
約8.5cm×10.5cm

ごっこ遊びができる！たべものワールド

おにぎりに巻く、のりの長さは中に折り込めば好きに変えられるよ！

1 三角に折りすじをつけます。

2 折りすじにあわせて折ります。

3 角をはしにあわせて折ります。

4 下の角を4cm折ります。

5 さらに折ります。

6 上の角を2cm折ります。

7 左右を図のように、ななめに折ります。

できあがり

ここがポイント

のりの部分を開いたところに、具をかいてもおもしろいよ♡

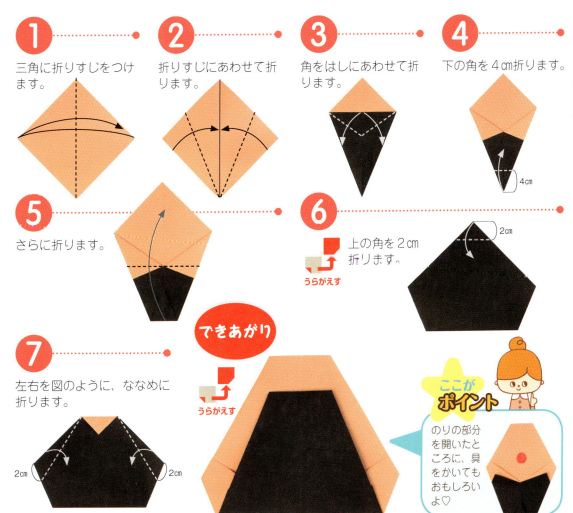

3枚の折り紙を組みあわせるよ！

ホットドッグ

ふつう!!

紙のサイズ
15cm×15cm：2枚
7.5cm×7.5cm：1枚

仕上がりのサイズ
7cm×15cm（具を入れたサイズ）

ソーセージ＆レタスはパンからはみ出してもいい感じだよ！

パン （15cm×15cmの折り紙）

たて半分に折ります。

上を1cm折り、折りすじをつけたら、ひろげます。

折りすじのところで、折ります。

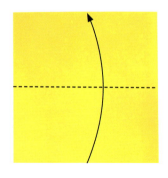

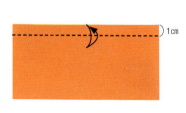

まん中の折りすじより、それぞれ5mmくらいあけて折ります。

ここがポイント
まん中を少しあけることが大事！

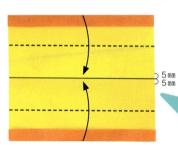

角を三角に山折りにします。

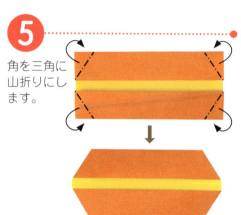

パンのできあがり。

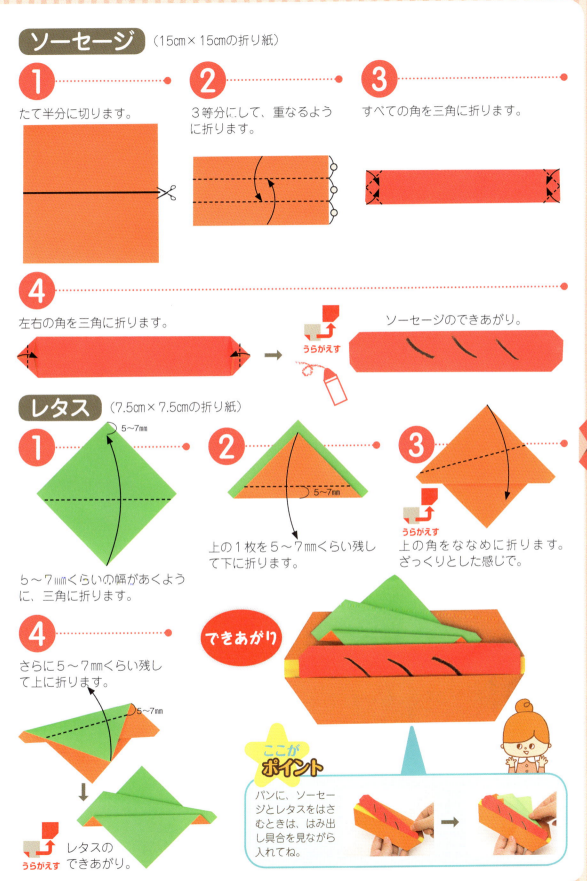

2枚の折り紙をわっかにしよう！
ドーナツ

紙のサイズ
15cm×15cm：1枚

仕上がりのサイズ
約8cm×7.5cm

かわいい模様入りの折り紙で作るのがおすすめ！

1
1枚の折り紙をたて半分に切ります。

2
半分に折り、折りすじをつけます。

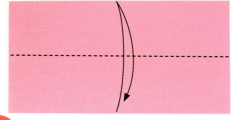

3
まん中の折りすじにあわせて折ります。

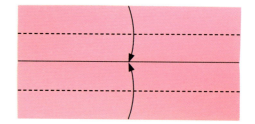

4
半分に折ります。

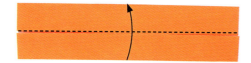

5
切った紙のもう1枚も同じように折り、2本折ったところ。

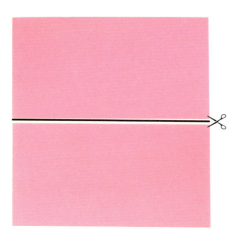

104

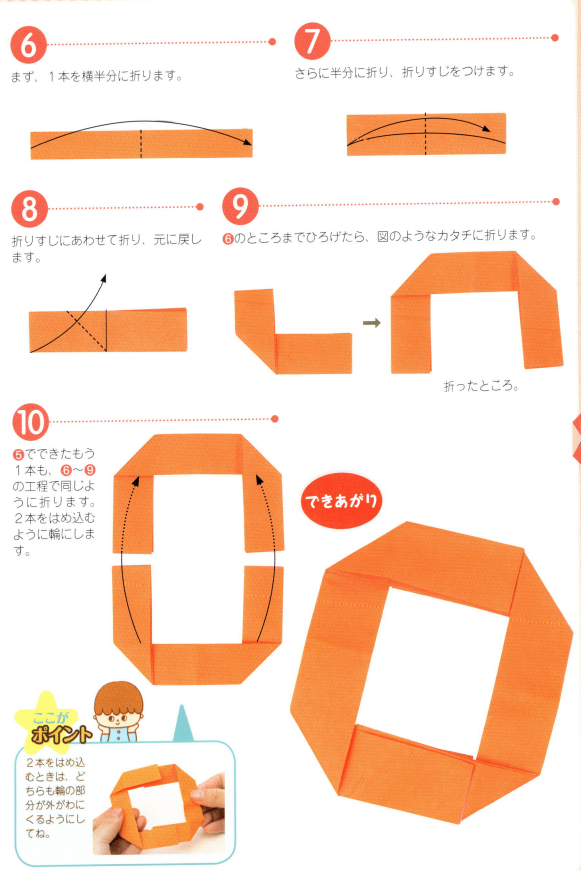

Column 5 折った折り紙で遊ぼう！ 切り絵編

絵をかかなくても、折り紙を切って作った切り紙を組みあわせてはるとステキな作品になります。絵はかいて失敗しちゃうこともありますが、この方法は絵が苦手な子どもにもおすすめ！

おばけの折り紙をはるよ！
p118のおばけを使いました。

折り紙を切って、絵にしよう！

ハロウィンのモチーフを切ってはってね！
かぼちゃ、おばけ、お城などを作りました。

サンタクロースの折り紙をはるよ！
P122のサンタクロースを使いました。

クリスマスのモチーフを切ってはってね
クリスマスツリー、星、プレゼントボックス、となかいなどを作りました。

おばけやサンタクロースなどの折った作品をのりではります。切るときは、折り紙に、えんぴつなどでカタチをかいてから切るほうがいいでしょう。

Chapter 6

飾って楽しい！
季節の行事ワールド

こどもの日、ハロウィン、
クリスマス、節分など、
季節のイベントには欠かせないモチーフで
ワクワク気分に！

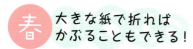

かぶと

大きな紙で折れば
かぶることもできる！

春

ふつう！！

紙のサイズ
15×15cm：1枚
仕上がりのサイズ
約5.5×10.5cm

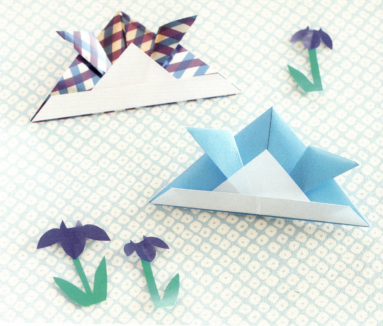

端午の節句のかぶと。伝承折り紙の定番だよ！

1

三角に折りすじをつけます。

2

三角に折ります。

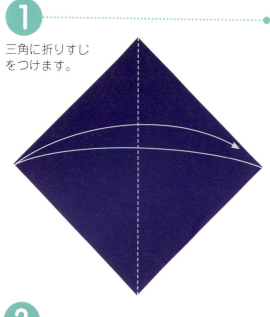

3

左右の角をまん中の折りすじにあわせて折ります。

4

上の2枚を下の角を上の角にあわせて折ります。

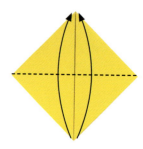

5

上の角から左右とも2cmあけて、図のようになめに折ります。

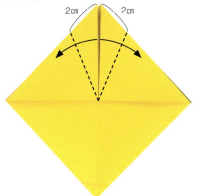

6

上の1枚だけ、まん中の1cmくらいあけて折ります。

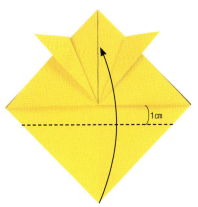

7

❻で折ったところをもう1回まん中にあわせて折ります。

8

下がわの角を内がわに入れ込みます。

できあがり

ここがポイント
新聞紙などで折れば、頭にかぶることもできるよ。

ここがポイント
上がわをつまんでひろげたら、奥まで入れるようにしてね。

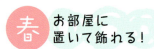

こいのぼり

春 お部屋に置いて飾れる！

ふつう!!

千代紙など、和柄の模様の折り紙がおすすめ！

紙のサイズ
15×15cm：1枚

仕上がりのサイズ
約6cm×13cm

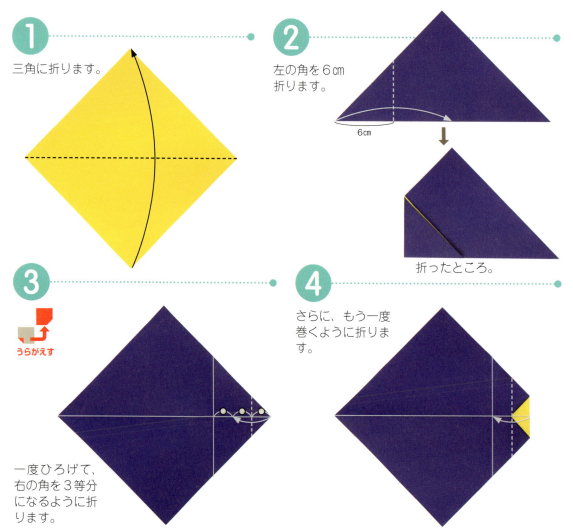

1 三角に折ります。

2 左の角を6cm折ります。

折ったところ。

3 うらがえす
一度ひろげて、右の角を3等分になるように折ります。

4 さらに、もう一度巻くように折ります。

110

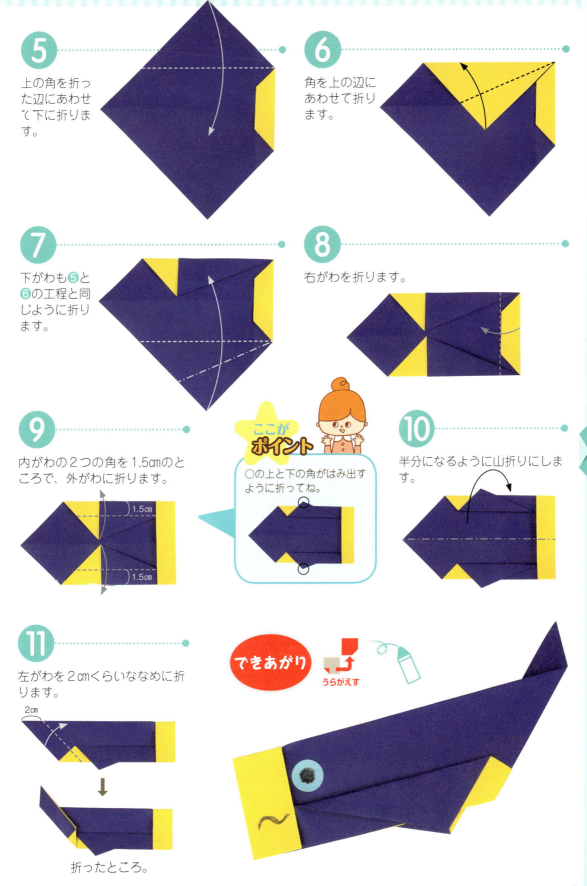

夏 角を折って
カタチを整えよう

あさがお

かんたん！

紙のサイズ
15×15cm：1枚

仕上がりのサイズ
約9cm×9cm

あさがおは柄入りの折り紙で折ってOK！

1
たて、横半分に折りすじをつけます。

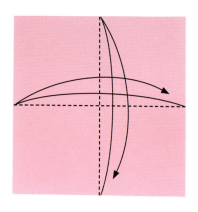

2
左下の角を図のように、三角に折ります。

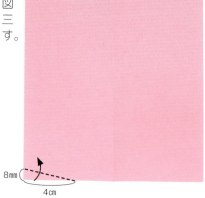

3
上の辺も図のように折ります。角は重なります。

4
残りの3カ所の角も❷と❸の工程と同じように折ります。

112

左の角をまん中の折りすじより2〜3mmくらいずらして、三角に折ります。

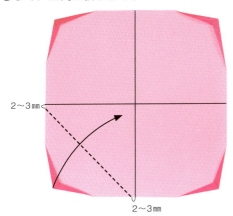

残りの3カ所も⑤と同じように折ります。

⑦
すべての角を2cmくらい山折りにします。

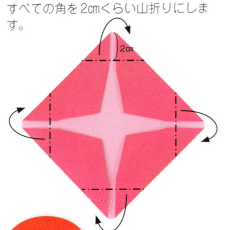

⑧
さらに、すべての角を1cmくらい山折りにします。

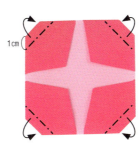

角をさらに折ったほうがカタチがまるくなってあさがおっぽくなるよ。

まん中に集まっている角を立たせてもいいね！
↓
こんな感じ。

飾って楽しい！　季節の行事ワールド

夏 器ごと折っているよ！
かき氷

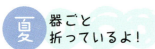

ふつう!!

紙のサイズ
15×15cm：1枚
仕上がりのサイズ
約9.5cm×13cm

かき氷にかけるシロップは好きな味を好きな色で！

1
三角に折りすじをつけます。

2
下の角をまん中の折りすじにあわせて折ります。

3
半分に折ります。

4
さらに、もう1回巻くように折ります。

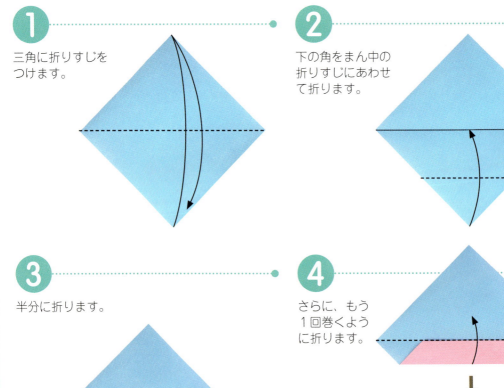

折ったところ。

114

秋 折ってひろげるを
くり返すよ！

メダル

ふつう!!

紙のサイズ
15×15cm：1枚

仕上がりのサイズ
約7.5cm×7.5cm

中心に丸いシールをはってもいいね。

1 たて、横半分に折りすじをつけます。

2 まん中の折りすじにあわせて折ります。

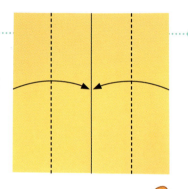

3 上下どちらともまん中の折りすじにあわせて折りすじをつけます。

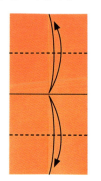

折ったところ。

4 上がわをひろげながら、つぶすように折ります。

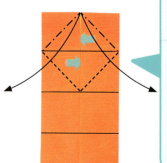

ここが ポイント

ひろげたら、こんな感じ。

角をきれいにあわせて折ってね。

116

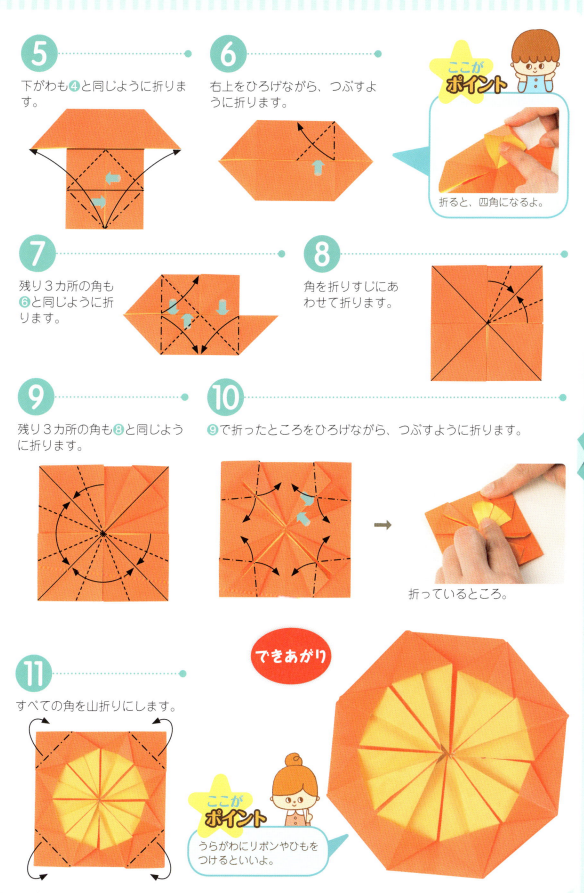

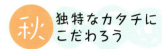

おばけ

秋 独特なカタチにこだわろう

かんたん！

紙のサイズ
15×15㎝：1枚

仕上がりのサイズ
約13×11.5㎝

ハロウィンの飾りにどうぞ。かわいいおばけだから怖くない！？

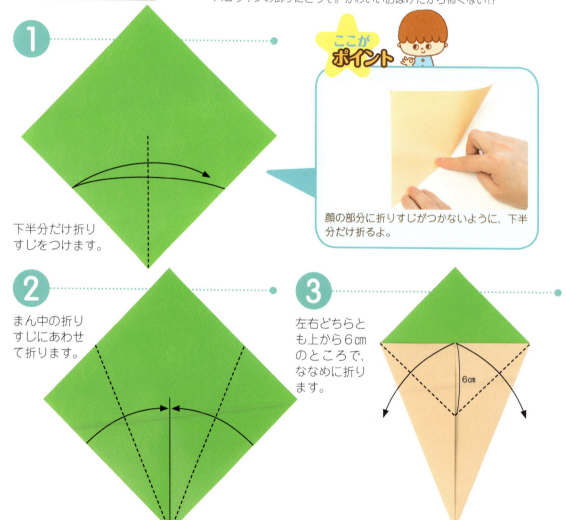

1 下半分だけ折りすじをつけます。

ここがポイント
顔の部分に折りすじがつかないように、下半分だけ折るよ。

2 まん中の折りすじにあわせて折ります。

3 左右どちらとも上から6㎝のところで、ななめに折ります。

118

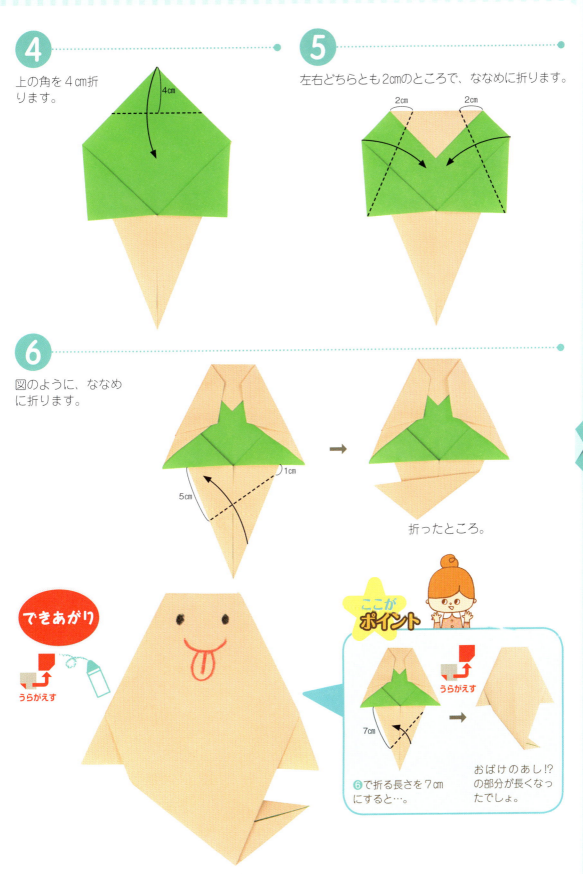

こうもり

顔とからだのバランスが大事

ふつう!!

紙のサイズ
15×15cm：1枚

仕上がりのサイズ
約11.5cm×15cm

こうもりはハロウィンのお部屋の飾りものにぴったり！

1
三角に折ります。

2
左右の角をまん中にあわせて折ります。

3
左右とも辺と辺があうように折ります。

折ったところ。

4
一度三角までひろげてから、左右どちらとも折りすじにあわせてひろげながら、つぶすように折ります。

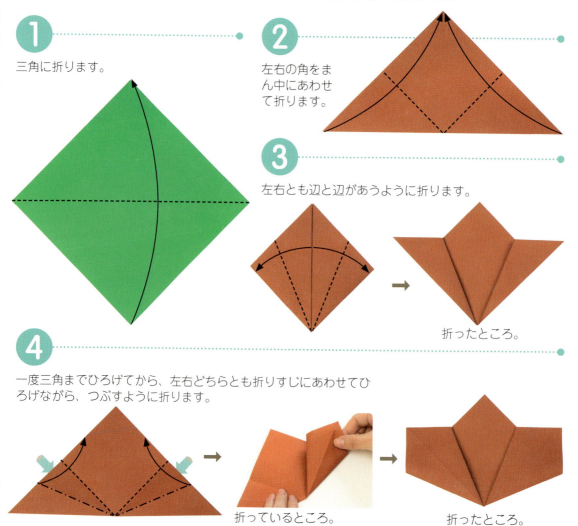

折っているところ。　　折ったところ。

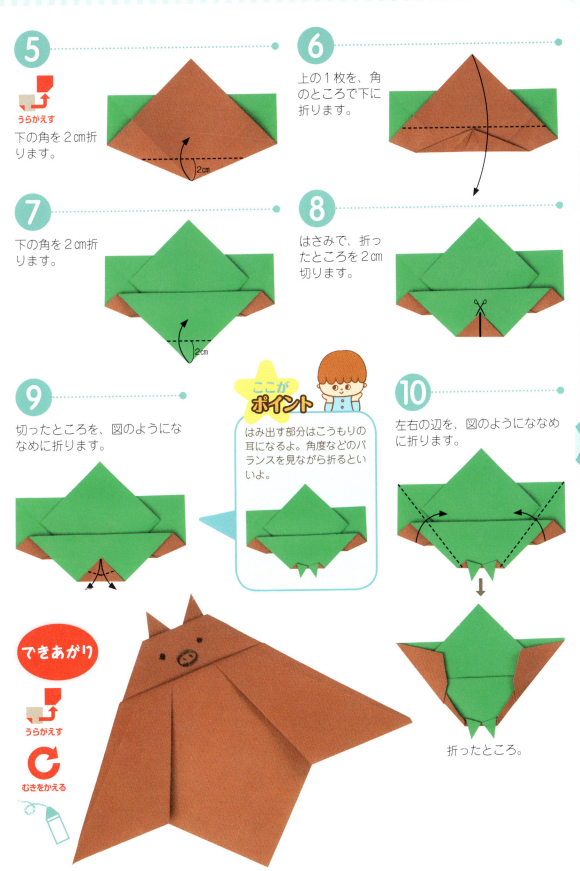

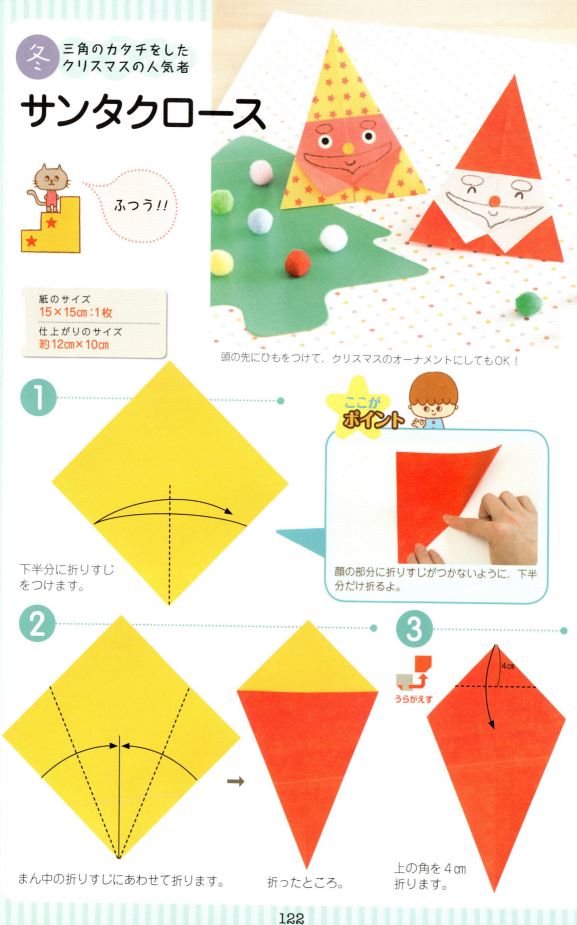

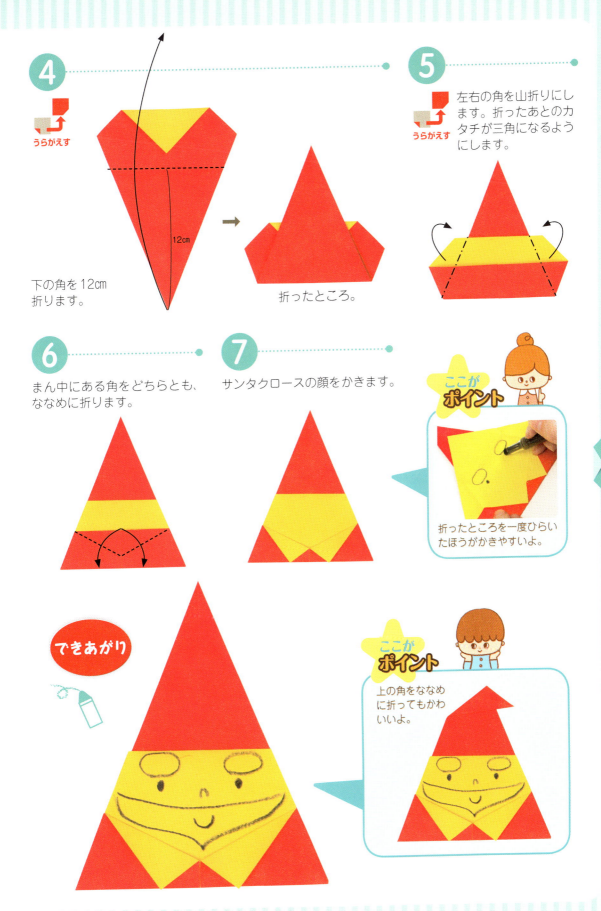

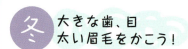

ししまい

冬 大きな歯、目 太い眉毛をかこう！

ふつう!!

紙のサイズ
15×15cm：1枚

仕上がりのサイズ
約7cm×12cm

顔はダイタンにかこう。折り紙は赤色を使ったほうが◎。

1

半分に折りすじをつけます。

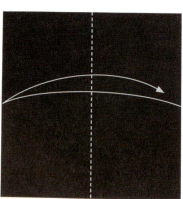

2

下を2cm折ります。

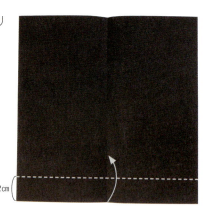

3

上を5cm折ります。

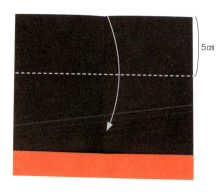

→

折ったところ。

4

まん中の折りすじにあわせて折ります。

うらがえす

5

左右どちらともななめに折ります。

6

上を1cm折ります。

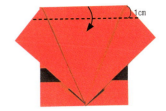

7

ししまいの歯の部分をかきます。

うらがえす

ここが ポイント

歯をかくときは、折り紙をひろげたほうがかきやすいよ。

長めに線をかこうね。

8

次に、顔をかいてね。

9

かいたら、もう1度7のところのカタチまで折ります。

できあがり

飾って楽しい！ 季節の行事ワールド

125

冬 節分に飾ってもいいね！

おに

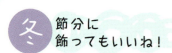
ふつう!!

紙のサイズ
15×15cm：1枚
仕上がりのサイズ
約10.5cm×7cm

1本ツノのおに。豆入れにもなる、箱型だよ。

1

下半分だけ折りすじをつけます。

ここがポイント

顔の部分に折りすじがつかないように、下半分だけ折るよ。

2

まん中の折りすじにあわせて折ります。

→ 折ったところ。

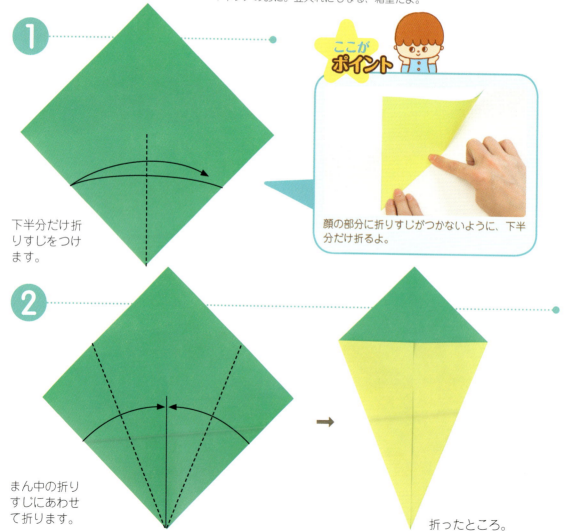

126

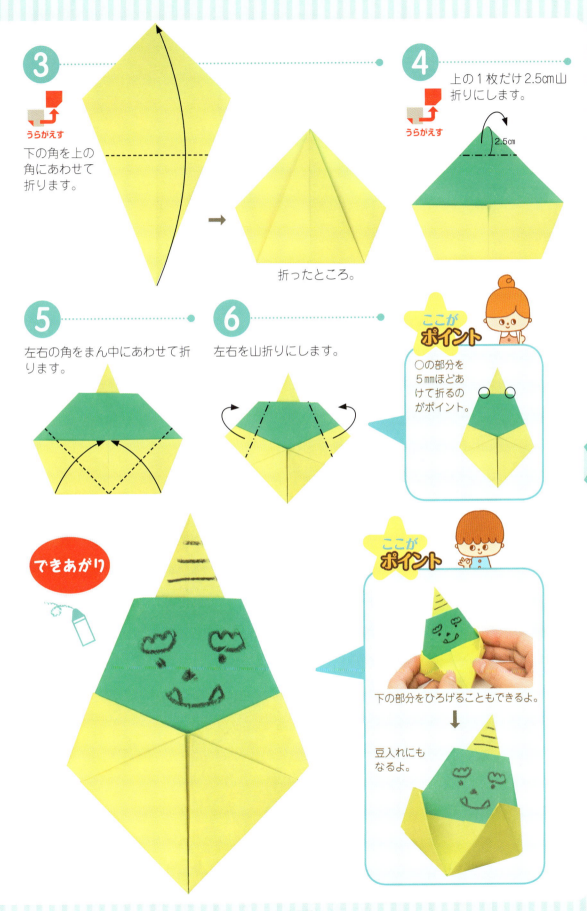

Profile

いしかわ☆まりこ

専門学校のトイデザイン科を卒業。
おもちゃメーカーにて企画デザインを担当後、映像制作会社での幼児向けビデオの仕事を経て独立。子どもや親子、女性向けをメインとした造形作品を雑誌やテレビで発表している。
NHK「つくってあそぼ」の造形スタッフを経て、現在はEテレ「ノージーのひらめき工房」の工作の監修（アイデア・制作指導）を担当中。
「すくすく子育て」の布グッズ・折り紙の講師を担当。
著書に「新版 おりがみでごっこあそび」（主婦の友社）
「カンタン！かわいい！おりがみあそび（1）〜（4）」（岩崎書店）
「5回で折れる 季節と行事のおりがみ（はる、なつ、あき、ふゆ）」
（汐文社）など
親子や子ども、先生のためのワークショップも開催中。

Staff

デザイン　小幡倫之（ニコワークス）
イラスト　Yumika
撮影　　　村山玄子
編集・制作　nikoworks

ママとつくろう！　男の子の遊べるおりがみ
かっこいい＆かんたん

2019年2月5日　第1版・第1刷発行

著　者　いしかわ☆まりこ
発行者　メイツ出版株式会社
　　　　代表者　三渡　治
　　　　〒102-0093 東京都千代田区平河町一丁目1-8

　　　　TEL：03-5276-3050（編集・営業）
　　　　　　　03-5276-3052（注文専用）
　　　　FAX：03-5276-3105

印　刷　株式会社厚徳社

●本書の一部、あるいは全部を無断でコピーすることは、法律で認められた場合を除き、著作権の侵害となりますので禁止します。
●定価はカバーに表示してあります。
©石川眞理子,ニコワークス,2013, 2019.ISBN978-4-7804-2137-8 C2076 Printed in Japan.

ご意見・ご感想はホームページから承っております
メイツ出版ホームページアドレス　http://www.mates-publishing.co.jp/

編集長：折居かおる　副編集長：堀明研斗　企画担当：折居かおる

※本書は2013年発行の『簡単！かっこいい！男の子の遊べるおりがみ』を元に加筆・修正を行っています。